U1000196

A Guide to the Credit Limit of Corporate Clients in Commercial Banks

商业银行
法人客户授信研究

王 涛◎著

中国经济出版社
CHINA ECONOMIC PUBLISHING HOUSE
·北 京·

图书在版编目（CIP）数据

商业银行法人客户授信研究 / 王涛著.
—北京：中国经济出版社，2020. 3
ISBN 978-7-5136-6064-8

Ⅰ. ①商… Ⅱ. ①王… Ⅲ. ①商业银行—信贷管理—研究 Ⅳ. ①F830. 5

中国版本图书馆 CIP 数据核字（2020）第 034518 号

责任编辑 姜 静
责任校对 赵立颖
责任印制 马小宾
封面设计 任燕飞工作室

出版发行 中国经济出版社
印 刷 者 北京艾普海德印刷有限公司
经 销 者 各地新华书店
开　　本 710mm×1000mm 1/16
印　　张 10. 5
字　　数 131 千字
版　　次 2020 年 3 月第 1 版
印　　次 2020 年 3 月第 1 次
定　　价 58. 00 元
广告经营许可证 京西工商广字第 8179 号

中国经济出版社 **网址** www. economyph. com **社址** 北京市东城区安定门外大街 58 号 **邮编** 100011

本版图书如存在印装质量问题，请与本社销售中心联系调换（联系电话：010-57512564）

前言

目前对法人客户信用风险的研究，主要集中在单一客户的违约概率上。但显而易见，违约概率只能解决或部分解决客户的信用等级，即客户的相对风险水平问题；不能解决客户的绝对风险衡量，即融资适度性的问题。比如，虽然两个AAA级客户的违约概率是相近的，但不同的资产总量、不同的行业、不同的发展阶段、不同的风险缓释手段，必将对应不同的授信额度。更麻烦的是，这仅仅是单一客户的授信额度核定，如果面对一个有200家成员企业的大型集团客户呢？

一家系统性重要银行，可能有几百个大型集团客户。集团客户中有国有企业、民营集团、政府融资平台、金融机构、外资企业等；每个集团客户可能在全球几十个国家开展业务，可能同时横跨多个行业；子公司中，有的是独资企业，有的是控股企业，有的是参股企业，有的是合伙制企业或者基金；控股企业中，有的不做具体业务，有的做业务但主要是集团内关联交易；成员企业里，有的现在盈利但稳定性一般，有的现在亏损但未来发展前景不错，有的是存量融资客户，有的没有合作记录；等等。如何为这些集团核定授信额度呢？进而，更现实的问题是，如何用一个相对一致的标准和尺度去制定一家大型商业银行的授信制度和策略呢？这个问题不好回答，目前也回答不好，却必须认真回答。笔者认为，法人客户授信额度的核定虽然极其重要，但学界和业内的关注和研究均远远不够，这就是本书写作的意义。

同时，授信额度的核定与管理是有一定交叉的两个层面的问题。例如，授信期限与融资期限如何协调，集团客户授信权限、各成员企业授信权限、不同产品的授信权限如何在商业银行海内外分行和子公司间分配，集团客户关联关系如何建立、确认和管理，表外业务（如理财投资）、股权投资等新兴业务与授信的关系是什么，国有大型商业银行与股份制商业银行、中小银行、地方性银行、其他融资提供机构在授信管理上的区别是什么，担保人是否需要纳入授信管理等，主要是授信管理方面的问题。限于笔者精力所限，本书着重研究授信额度的核定，对于上述授信管理相关问题不是本书的主要研究方向。

本书共十二章，其中前九章以单一客户的授信问题为研究对象，后三章在前九章研究结论的基础上过渡到集团客户的授信问题。本书研究的主要内容和核心观点如下：

第一章确定了贯穿全书的授信核定原则和框架，比较了主流商业银行授信测算公式，评价了授信相关金融和财务理论的缺陷，指出了目前商业银行授信管理中的不足，提出了授信理论值、授信同业占比、授信实际值三个关键概念。

第二章在第一章的基础上，对授信测算的原则进行了再统一，提出客户实际资金需求是核定授信的最佳出发点，客户的风险承担能力是核定授信的最终落脚点，两种方法各有优劣，最终统一于既考虑需求又考虑风险的预留授信法。

第三章论证了授信理论值和授信同业占比在授信实际值核定上的逻辑关系，认为商业银行应将授信理论值作为一个相对固定的定量，而将授信同业占比作为相对可调整的变量，并从大型优质客户、一般客户两个层面简要探讨了授信理论值的确定。

第四章在考察了一般财务指标体系确定授信理论值存在缺陷的基础上，创新提出了基于可偿债货币资金的授信测算方法，将一定水平的可偿债货币资金这个综合性指标作为考察客户信用风险的主要变量，用随机模拟的方法进行了授信模型的构建和检验。

第五章专题研究了授信同业占比这个核心变量，首先提示了授信同业占比与融资同业占比的一般区别，然后阐述了8个影响授信同业占比的因素，并对如何进行客户信用风险排序提出了6种观点。

第六章在前五章关于授信总量研究的基础上开始研究授信结构问题。构建了一个简化的企业成长模型，在营运资金授信和项目授信两分法的假设下，详细研究了分项授信包括流动资金贷款额度的核定问题。基于上述模型，指出并分析了授信测算值与客户融资现状差异巨大的原因，创造性地提出了沉淀建设期贷款、铺底存货占款、周转存货占款、预防性现金占款、闲置融资占用、非常规资金运用6项融资占用为营运资金授信需求最为客观和真实的原因。

第七章通过对监管机构公式的推导，提出了一系列快速、简易、直观估算营运资金授信的方法，为业内人士日常业务操作提供了较好的借鉴。

第八章通过案例对产销周期和营运周期两个概念进行了区分和对比，明确了营运周期而不是产销周期决定了公司的营运资金需求。

第九章对衍生交易授信问题进行了专题探讨，指出代客交易的信用风险本质上是商业银行的担保风险，并提出了衍生交易授信额度核定的一般方法。

第十章过渡到集团客户授信研究，明确了商业银行如何在“先总后分”“先分再总”两种授信流程上进行选择，并重点分析了“先总后分”模式下需要注意的一些技术问题。

第十一章以案例的形式对集团客户成员企业授信额度的分配进行了阐述。

第十二章再次强调了关联关系、关联交易的确认，以及隐性集团的识别是集团客户授信风险管理的关键；提出了产品关联企业的概念，并以产品关联企业为例，提出了授信是流动的而不是固定的这一重要观点。

另外，授信一般被认为是商业银行的专有术语，是商业银行对客户愿意并且能够承担的最高融资水平。但在现实经济活动中，只要信用风险存在，就有授信问题。授信作为衡量经济金融活动的信用标尺和度量，是经济活动各类主体的专业术语，而不仅是银行业的专有术语。大量的经济金融活动虽然没用“授信”这个词，但实际上却按授信的理念开展经济活动，比如，国与国之间的债权债务关系、一个国家自身的赤字水平、一个企业对客户的应收账款、个人之间的民间借贷等，都是授信问题；证券、保险、基金、信托、期货、租赁、PE、VC、衍生业务、互联网金融等金融、类金融机构对客户的债权或者股权投资行为就更不例外了。

本书抛砖引玉，对商业银行法人客户授信问题进行了初步探讨，希望对经济、金融、财务工作者均有所助益。限于笔者理论功底和业务实践上的不足，以及写作时间和精力实在难以保证，不成熟甚至不正确的地方敬请专家学者指正。

最后，谨以此书纪念我写作该书期间去世的母亲，母爱最伟大。

笔者于北京

2019 年 11 月

目 录

第七章 营运资金需求简易估算方法研究

第八章 产销周期、营运周期与营运资金授信关系辨析

第九章 商业银行衍生交易业务授信管理研究

第十章 集团客户授信“先总后分”与“先分再总”的选择

A Guide to the Credit Limit of
Corporate Clients in Commercial Banks

▶ 第一章

法人客户授信核定的原则与流程

授信的定义很简单，但操作起来并不容易。即使不考虑对专业知识和行业经验的要求，授信也会因以下理论和操作问题表现得异常复杂甚至使人陷入研究的死角：如何确定企业的最大负债能力、如何确定企业真实资金需求、授信如何用于调整商业银行的资产组合、怎样运用授信管理调节总分行的权力分配、如何处理风险管理与市场营销的矛盾、如何核定集团关联企业的授信额度、如何确定不同融资产品的分项额度、如何确定对一个客户的同业占比，等等。

本章通过对授信管理理论的探讨得到四个重要结论：一是最大负债能力的测算缺乏充足的理论依据，授信理论值的经济含义是模糊的，其作用是受到质疑的，但又是各商业银行授信核定无法绕过的基本问题；二是商业银行最终确定的授信额度是一系列复杂因素作用下的“化合物”，可比性和严肃性较差，但经验判断、专家决策的作用无法被替代；三是我国商业银行授信管理尚处于财务分析阶段，未能充分考虑资产组合管理要求，盲目决策与被动应对难以避免，由于贷款二级市场不发达，无法实现存量信贷资产的结构调整，所以运用授信时事先考虑资产组合问题就显得更加必要；四是深入研究客户有还款保障的真实资金需求，提供与之匹配的融资产品，才是授信管理的重中之重。最终，以上述结论为依据，本章提出了单一客户授信核定的逻辑框架，并以此框架为基础在后续章节对授信各环节、各要素进行分解研究。

一、授信管理的由来及研究现状

在国际银行业，授信管理由来已久。1999 年人民银行发布《商业银行实施统一授信制度指引（试行）》，将授信管理引入我国商业银行日常信用风险管理中。经过 20 年的实践，授信管理从规范各金融机构分头授信、不同信贷产品分散授信、不同地区分割授信入手，对有效防范总量风险、关联风险、结构风险，提高工作效率都起到了很大的作用，授信已成为重要的监管要求，也是商业银行信用风险管理最关键的环节之一。2018 年《中国银行保险监督管理委员会关于印发银行业金融机构联合授信管理办法（试行）的通知》发布，体现了监管层抑制多头融资、过度融资行为的一个基本导向，该办法的可操作性以及理论基础本书不予讨论。从各方面来看，授信管理本应引起经济金融理论工作者足够的重视，然而从实际情况来看，有分量的研究成果的稀少程度很让人感到意外。笔者用关键词“授信”从我国最大的电子期刊网站 CNKI 上查找，其收录的 1999—2019 年发表在核心期刊上的论文非常少。

由此可见，相对于授信工作的重要性，目前的研究明显不足。总结一下，国内学者的主要观点有：商业银行对集团客户的授信本质上是一个共同代理问题，即多家银行集体贷款中的“搭便车”现象和贷款的外部效应必然导致对集团客户的过度授信，应采取措施规避共同代理问题的弊端（廖肇辉，2005）；试图用共生理论解决多重共线性问题并对授信额度进行解释（何自力，2007）；多头授信导致企业负债剩余，负债剩余的集中与积累导致金融危机（任再萍、赵自兵，2005）；由于授信风险技术的量化能力不匹配，授信管理制度发展还是受到不同程度的抑制，导致综合授信管理制度的发展出现偏差，管理机制并未准确到位（贺丹，2012）；在结构化模型的框架下，考虑统一授信额度的约束，基于对违约风险控制和贷款收益管理的多目标决策，构建了企业集团成员企业授信额度优化配置模型（陈林、周宗放，2015）；其他论文则以强调注重贷款调查、注意关联风险及财务报表真实性等定性问题居多，观点新颖者少。国外研究中鲜有提及国际主流商业银行授信额度核定方法的文章，关注重点集中在授信的功能及企业获得授信额度的影响因素方面，主要观点有：授信额度的获得可抵御流动性风险（Compell，1978）[①]；授信与企业所处行业、历史盈利、治理结构、公司规模、财务指标之间的关系等（Ham and Melnik，1987；Berger and Dell，1995；Shockley and Thakor，1997；Sumit Agarwal et al.，2004），实证分析较多，结论分歧较大。

总体来看，现有研究很少对授信额度核定的理论基础进行深入探讨，基本是在就授信谈授信，多数为后验性实证分析，对授信额度确定方法这个源头问题的研究较少，更很少涉及授信管理构架的探讨，且很少基于资产组合管理方法讨论商业银行授信问题。也少有学者将发掘与研究企业真实需求提高到应有的重要地位，并正视专家决策的作用及市场营销需求这个客观事实。

二、授信理论值核定方法比较

关于授信额度目前主要有以下几个基本概念：一是理论最高授信额度，指商业银行用公式法测算的客户授信上限，一般称这个数值为"理论值""模型值"或者"参考值"；本书借用"理论值"这一概念，其具体含义为商业银行对某一客户确定的信用投放金额上限。二是实际最高授信额度，即商业银行在考虑自身放贷能力、风险偏好和客户实际需要等因素基础上，核定的最终授信额度，本书以下称"实际值"。三

① 笔者认为，由于我国商业银行核定的授信额度大多没有提款义务，且以顺经济周期决策为主，因此一般不能起到抵御流动性风险的作用。

是承诺授信额度，指商业银行在“实际值”以内，与客户约定了提款义务的授信额度，一般会收取一定的承诺费，本书以下称“承诺值”。

（一）授信理论值的三种测算方法比较

根据公开渠道获得的资料，笔者对国内三家大型银行的“理论值”测算方法进行了比较①，具体如下：

A 银行的测算公式：

$$XX=L\times T\times C$$ ②

其中：XX 为最高授信额度（下同），L 为客户总负债合理规模，T 为行业债务结构，C 为考虑同业占比的风险调整系数。

B 银行的测算公式：

$$XX=E\times V$$ ③

其中：E 为客户平均净资产，系数 V 完全由信用等级确定，如 AAA 级客户，系数 V 为 2。

C 银行的测算公式：

$$XX=E\times L\times K-De-C$$ ④

其中：E 为客户上年度有效净资产总额，L 为客户负债与权益最高控制比率，K 为信用调节系数，De 为客户报告期负债总额，C 为客户报告期在该行的信用余额。

比较来看，A 银行重点考虑了行业平均付息负债水平，并考虑了与理论值没有本质联系的同业占比；B 银行的测算结果主要取决于信用等级，并以单一客户而非行业的负债权益比确定最终理论值；C 银行考虑

---

① 限于商密，本书仅以已解密多年的该三家银行的授信测算公式及理念为例进行研究，且目前来看，总体仍有很好的代表性。

② 钟震宇．浅谈新巴赛尔协议下我国商业银行统一授信额度的测算［D］．清华大学，2005.

③ 吕莉．我国商业银行额度授信管理的问题及对策研究［D］．重庆大学，2005.

④ 李敬．农业银行最高综合授信额度核定模型的认识与思考［J］．海南金融，2003（8）.

了自身的信用余额这一因素，但考虑的方式本质上也与理论值没有本质联系。虽然我们很难得到各银行公式中的全部参数设置，无法用实例比较各银行测算结果的差异，但通过以上简单的分析，很容易发现各银行的测算思路差异较大，测算结果的差距可想而知。

问题是：这种差异合理吗？这个数值的经济含义是什么呢？

（二）授信理论值缺乏理论基础

根据定义和公式可知，理论值实际是在寻找客户最大的负债能力，从银行角度来看，也就是客户最多能够承接多少银行融资。但进一步考察后发现，“最大负债能力”或者“最大银行负债能力”这两个概念听起来经济意义明确，但其实缺乏足够的理论支撑，实际运用中也存在模棱两可的问题。比如，上面提到的 A 银行和 C 银行的测算公式，其计算的理论值从一开始就打了折扣。通常认为，最大负债能力的确定有两个理论基础：一个是 MM 定理及其发展，另一个是财务危机预警理论。但是，这两个理论其实都不可能作为最高授信额度核定的依据，原因如下：

1. MM 定理的局限性

MM 定理及其扩展理论认为，当市场无摩擦时，企业价值和企业杠杆与加权资本成本无关；当存在所得税、破产成本和代理成本时，税收庇护作用将会随杠杆提高逐渐被抵消；因此存在最优资本结构，应该适度负债。由于该理论给出了财务杠杆与企业破产风险的关系，所以从表现看应该与授信额度的核定关联较大。

但是，即便假设该理论的各种前提条件完全具备，也仅仅说明了企业价值最大化与最优资本结构的关系，与企业的偿债能力关联较小，原因有三个：首先，该理论中的资本结构是指企业长期资金来源的结构问题，与银行短期融资和表外业务无关，因此与企业的实际负债行为相距甚远；其次，MM 理论的近期发展表明，企业的最佳资本结构是综合考虑控制权、企业价值最大化、激励机制、治理结构、信号理论等多项因素的结果，远不是仅以偿债能力为出发点考虑问题；最后，企业的最优资本结构至今仍难以测算。具体来说，假设负债过度导致企业价值偏离价值最大化原则，仅代表企业价值在这个时间有所下降，并不代表企业已到了无法归还银行本息的程度，更不代表企业以后不会变得更好。

图 1-1 也许会帮助我们更好地理解该理论的局限性，目前的统计技术还无法确定某家企业 *P* 点的资本结构[①]，因此用其确定某家企业的最大银行负债能力就更加困难了。

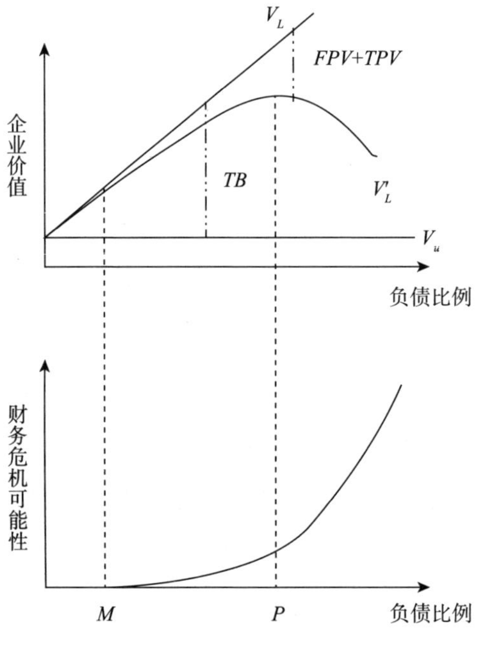

图 1-1　MM 定理图示

① 王今．企业财务危机问题研究［D］．天津大学，2002.

2. 财务危机预警理论的局限性

一般来讲，企业只有在负债的情况下才可能发生财务危机，因此很多学者将其用于授信管理的研究。对于该理论，国内外的研究可谓著作颇丰。早在 1932 年，Fitzpatrick 通过一个 19 家公司样本，发现“净利润/股东权益”和“股东权益/负债”能够预测企业破产；1966 年，Beaver 沿着该思路提出用单变量判别预测企业财务危机模型；1968 年，Altman 首次用多元判别分析预测了企业破产，建立了著名的 Z-Score 模型；1998 年，中国证监会颁布《关于上市公司状况异常期间的股票特别处理方式的通知》，国内开始出现基于上市公司数据的财务危机预警研究。总体来看，财务危机预警实证研究的基本方法是按照一定的标准，寻找一组失败和非失败的企业样本，以失败和非失败企业之间具有明显差异的财务比率为预测变量，选取建模方法，建立判别或预测模型，保证模型对样本一定的判别/预测精度，然后检验样本外数据。

但是，这些研究成果仅仅告诉我们一个企业是否面临破产，或者至多对其财务表现做个相对评价（如健康、亚健康、危机），没有告诉我们该企业承贷能力如何。比如，如果企业处于健康状况，再增加多少负债适度；如果企业已陷入财务危机，银行应该考虑坚决退出还是增加一笔借款帮助它摆脱危机。当然，该理论更加不可能告诉我们一个总体风险较大的企业是否存在风险较低的业务机会。

由以上的分析可见，从逻辑的角度看，如果一个企业存在最大负债能力，那么这个值应该是唯一的，与各银行的风险管理水平无关；但由于目前最大负债能力的测算缺乏充足的理论依据，所以授信理论值的经济含义是模糊的，其作用是受到质疑的。那么，我们应该遵循怎么样的授信思路呢？

三、授信实际值核定流程考察

（一）目前授信核定的一般流程

人民银行1999年出台的《商业银行实施统一授信制度指引（试行）》指出，最高综合授信额度是指商业银行在对单一[1]法人客户的风险和财务状况进行综合评估的基础上，确定的能够和愿意承担的风险总量，银行对该客户提供的各种信用余额之和不得超过该客户的最高综合授信额度。根据笔者对目前主要商业银行授信管理工作的考察，各行定义与上述定义大同小异，当前多数银行授信核定一般流程见图1-2。

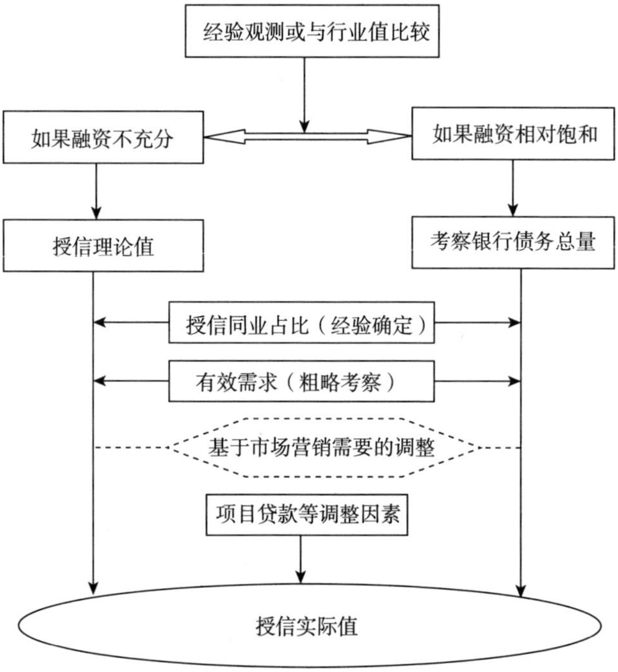

图1-2　当前多数银行授信核定一般流程

① 银监会后来出台《商业银行集团客户授信业务风险管理指引》，扩大了授信的范围，增强了授信的严谨性。

图 1-2 的含义是，一般商业银行会通过经验先行判断企业融资的适度程度，在企业生产经营规模相对稳定的时期，如果认为企业尚有明显的融资空间，银行会通过计算授信理论值确定企业最大负债能力，并通过应收应付数据、周转率指标、市场价格波动等因素粗略估算客户的资金缺口，然后在经验地考虑同业占比因素后，确定自己愿意承担的最高授信额度；如果银行认为企业融资已相对饱和，常常会直接使用目前的银行债务总量而忽略理论值的存在[①]，并不再考察企业的实际融资需求，直接根据经验确定同业占比，从而确定授信实际值。有时，银行可能根据市场营销需要再调增一个额度（也许是一个虚拟额度[②]）。另外，如果企业进行新的项目投资，即生产经营规模将发生和已发生重大变化时，银行会在评估企业的出资能力和项目综合效益的基础上，以项目授信形式对授信额度进行调整。

（二）目前的授信流程存在的主要问题

除以上论证过的最大负债能力并不科学的问题外，目前的授信流程尚存在另外两个问题：

第一个问题是没有体现“意愿”与“能够”的理论本质。根据监管机关的定义，授信额度是一家商业银行愿意并且能够承担的最高风险量，其中“意愿”是指偏好（风险偏好），“能够”是指能力（可支配资金规模）。假设各银行的授信理论值一样，实际值本质上应因“偏好”和“能力”有所不同，甚至存在较大差异。笔者认为，如果利用科学严谨的方法测度“意愿”和“能够”，就是对资产组合管理思想最

① 如果此时企业融资量与理论值有较大差距，那么银行常常会怀疑测算公式的准确性或认为这是测算公式的特殊情况。

② 虽然人民银行规定除承诺授信外，授信额度为内部数据，不得告知客户，但一般企业客户总能通过各种渠道获得授信额度，因此导致各商业银行间的竞争。此时，有的商业银行会出于营销目的核定一个虚拟额度并告知企业，但融资时并不实际执行。

集中的体现；如果单纯依靠经验决策甚至随意决策，“意愿”和“能够”就会为施展权力提供借口。由于目前各商业银行的授信管理办法中根本没有体现偏好与能力的指标，所以显然没有进行主动的资产组合管理，这会造成两个缺陷：一是授信的盲目性。当我们在实际工作中遇到贷款投向如何把握这一问题的时候，如果仅仅通过财务分析和主观决策的方法对某个客户个体进行决策，就会失去全局的概念，也会为盲目决策带来机会。对任何一个大中型银行来说，没有从全局上对资产组合进行考虑显然无法最大可能地规避风险。二是组合调整的被动性。众所周知，商业银行出于防范风险、提高流动性和盈利水平的考虑，常常有调整资产组合的需要。由于目前我国尚不存在便利的贷款交易市场，“发放—持有”是主要经营模式，无法实现存量信贷资产的结构调整，所以运用授信对资产组合进行贷前控制就显得尤其重要。

第二个问题是授信管理偏离了正确的方向，没有将对企业资金需求的研究放到最突出的位置。由于我们以前过分关注对最大负债能力的研究，导致授信工作效率较低、效果不好。例如，对于一家效益较好、负债率很低、贷款需求量不大的企业，核定最大负债能力没有任何意义。如果有意义，那也只能是各银行营销这家企业的工具，会导致授信失去严肃性。对于这类企业，如果一定要核定最大负债水平，那就是企业对银行存贷款利息差额的承担能力（给企业发放一笔贷款，企业将其存入银行不用），这显然与金融企业配置资源的根本功能相违背，是没有意义的。因此，下功夫研究企业的真实资金需求，提供匹配的信贷产品，才是商业银行授信工作的重中之重。只有透彻地了解了企业的资金缺口，才能不被企业虚假的申请蒙蔽；只有深入地研究有偿还能力的需求，才能提高信贷资产质量，并在具体生产环节和经营链条中寻找业务机会。但这里有个问题需要引起注意，那就是从逻辑角度讲，某一客户在一定时点的需求应该是一定的[①]。除各银行的“能力”外，最终授信额度的区别在于各银行信贷管理人员对于业务机会的把握、风险大小的判断及信贷产品的选择，这也是各银行风险管理水平差异的终极体现。因此，以人为本，提高信贷管理人员的业务水平是做好授信并实现差异化竞争的基础条件。

总体来看，假设不考虑道德风险，目前的授信实际值常常是“客户有效资金需求+不同层次审查审批人的经验判断（常常带有色彩）+模糊的同业占比+市场营销结果+市场营销手段”多个因素混合的结果，其中的经验判断常常是主要决定因素。而且，有时其中一个或几个因素会成为决策的主导因素，最终导致同类型客户之间的授信额度可比性差，也使得授信工作的严肃性受到一定的质疑。

四、授信核定流程改造设想

考虑到监管者的初衷及目前授信流程的缺陷与困惑，笔者认为，在目前的理论研究成果和数据积累的情况下，我们应该遵从以下思路来确定更加科学合理的授信额度（如图 1-3 所示）：

图 1-3 所示的授信流程的含义是，应该先用开工条件、最大产能或业务量，以及各项财务指标判断客户实际需求，并挖掘有还款来源与偿债能力的生产和流通环节，由此确定授信理论值；然后运用资产组合思想[②]，通过限额管理、压力测试等方法量化信贷资产在不同地区、行

---

① 从实践来看，大多数情况下融资申请是企业提出的，企业提供给各银行的资金需求也是相似的。

② 相较于融资的组合管理问题，授信组合管理的研究难度更大，也是笔者后续研究的主要方向之一，不在本书中进行研究和阐述。

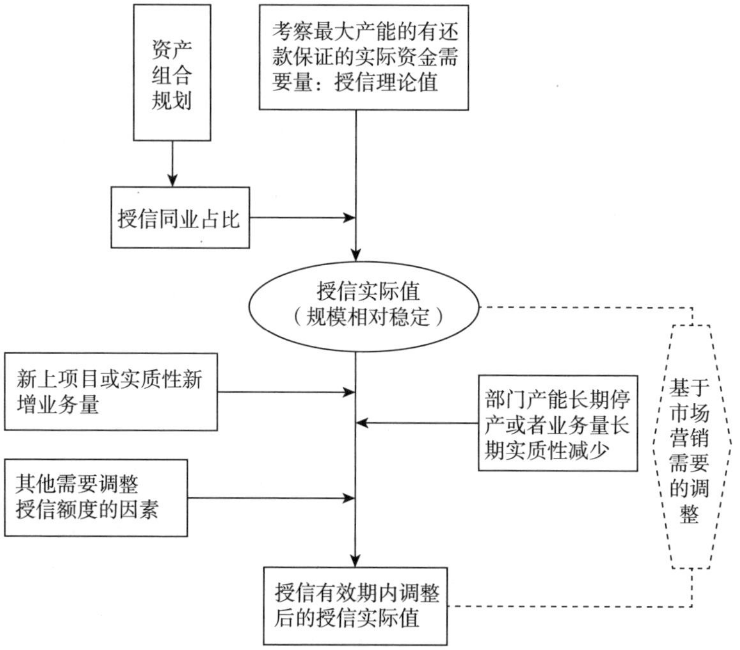

图 1-3 优化调整后的授信核定流程

业、产品之间的分配，再考虑同业占比确定各企业的授信实际值；对于企业新建项目或者出售项目等情况，则用项目融资授信的方式进行管理；对于临时性特殊情况的发生，则被纳入日常授信调整的管理范畴。这个流程体现了两项改进：一是将客户的需求而不是最大负债能力放到突出位置，并强化了这种观念，避免授信过程中多种理念无秩序地混合决策现象；二是将资产组合管理方法加入流程，并作为重要环节。只有如此，商业银行才能将有限的金融资源分配到收益风险比相对较高的地区、行业、客户和产品中去，才能尽可能减少决策过程中人为操纵的因素。

对于资产组合管理的可行性问题，很多学者认为目前的数据积累还不能满足模型的需要。其实这个问题是相对的。首先，虽然商业银行自身的数据受到一定的限制，但是国内外宏观经济数据、地区数据、行业数据、上市公司数据已构成足够庞大的分析样本，对于国别、地区、行业和上市公司的组合配置问题已可以进行较深入的研究。其次，商业银行经过三十多年的改革，以及近些年数据库的建设，已经积累了相当多的有价值的数据，对于初步资产组合管理已足够，而且资产组合管理也是一个循序渐进、积累经验的过程。另外，为尊重客观事实，该流程考虑了市场营销对授信额度的影响并用虚线做了标记。

五、本章小结

由于多数商业银行没有清楚认识客户最大负债能力、最高授信额度与客户有效资金需求之间的关系，从而影响了授信管理的效率与效果。本章从理论角度说明了最大负债能力假说的缺陷，着重指出了企业有效资金需求与资产组合管理思想的重要性，对授信管理框架和流程的改造进行了一些探讨，并作为本书单一客户授信管理的逻辑框架。当然，无论流程和模型如何完美，授信管理难免具有社会科学固有的特征，虽然主观判断的任意性和区间可以限制，但无法做到完全精确，专家判断的作用永远是极其重要的。在授信改造流程中，企业授信理论值的测算、企业真实资金需求的研究、资产组合理论在授信中的运用、商业银行同业占比的确定、不同融资产品授信的测算等，都是有待逐一认真研究的课题。①

---

① 本章主要内容为笔者发表于《金融理论与实战》2009 年第 4 期的论文《我国商业银行授信管理流程改造探讨》。

A Guide to the Credit Limit of
Corporate Clients in Commercial Banks

▶ 第二章

法人客户授信测算原则再统一

根据第一章的研究，“考察最大产能的有还款保证的实际资金需要量”是确定客户理论值最为客观的着眼点，也就是客户“实际资金需求”是核定授信理论值的最佳出发点，而“有还款保证”是核定授信理论值的最终落脚点。但是，由于各银行的“偏好”和“能力”不同，客户的情况千变万化，部分客户的实际资金需求无法确定或者很难确定，所以很多银行将主要精力放在研究客户的偿债能力上。比如，目前所有流行的主流评级模型或者违约概率计量模型，均是从信用风险或者是否违约的角度进行研究的，极少考虑客户具体的资金需求。

一、需求授信法与偿债授信法的提出

在实践中，按客户的实际需求来测算授信（以下简称“需求授信法”）与按客户的终极偿债能力来测算授信（以下简称“偿债授信法”）两种原则或者方法是同时存在的，或者说出于稳健的角度，两个测算值可以用来做交叉验证。

需求授信法要求核定授信时充分考虑客户的真实有效需求，授信额度要严格与客户的生产经营相匹配，本书第六章、第七章、第八章、第九章和第十二章将以客户需求为出发点进行授信的研究。偿债授信法认为授信的最终目的是防范信用风险，只要在客户的偿债能力范围内，无论是否与业务匹配（或者认为银行根本不可能监控企业对融资的使用），均可以核定授信额度或者预留授信额度，但授信的使用即资金用途需要符合监管规定，本书第三章、第四章为该方法的具体运用。第五章、第十章、第十一章则综合运用两种方法，对客户的授信额度进行综合判断。

二、需求授信法与偿债授信法的比较

笔者认为，一般情况下，所处行业市场化程度较高的客户，如果财务杠杆运用得相对充分，以上两种授信原则的测算结果应该是相近的；但如果一个客户的负债率显著低于行业平均水平，同时资产流动性好、盈利能力强，以第一种思路核定授信，会出现客户实际需求远低于其实际偿债能力、优质客户的授信额度小于相对劣质客户的授信额度的“矛盾”。不过，将此“矛盾”用引号标注，是因为这个表面上的“矛盾”在本质上是合理的。例如，在经营规模（如销售收入）相同的情况下，厌恶财务风险的客户会选择较低的负债比率（抑或付息负债比率），相应对银行融资的需求也较小，而财务风险偏好者则倾向于扩大对外融资，相应对银行融资的需求就会较多，但风险可能均可控。因此，即使对优质客户核定的额度相对较小，仍然可以满足客户的融资需求。

但是，这种“合理”的“矛盾”会因为市场营销的压力而转化为银行前台与中后台的“现实矛盾”。由于各银行的授信思路不同，如果A银行按照客户的实际需求核定授信额度，而B银行按照最大偿债能力核定授信额度，则存在A银行授信额度小于其他银行授信额度的情况，部分“以貌取人”的客户会因为A银行授信额度小而降低其融资占比，从而使其丧失业务机会。这个问题表面上与授信的风险防范初衷无关，但从实际操作来看，由于市场竞争的存在，又是授信无法绕过的营销问题，这个因素在第一章也已加入优化后的授信核定框架。此外，如果不以客户的真实需求为基础，完全按照客户的真实偿债能力去核定授信，那么超过客户需求的授信额度又难以满足国家宏观管理对金融资源配置的基本要求，并且容易产生资金挪用等道德风险和操作风险。例如，较为常见的现象是优质客户贷款或者发债后用融资款购买银行理财套取利差，甚至直接向第三方放贷。

因此，对于优质客户，如果按照需求核定授信，可能会“得罪”客户；对于风险相对较高的客户，如果按照需求核定授信，即使后续在同业占比上进行控制，银行风险也会相对较高。对于优质客户，如果按最大偿债能力核定授信，授信使用率会较低；对于风险相对较高的客户，如果按最大偿债能力核定授信，银行风险会相对可控，但会影响信用证等表外业务的市场拓展，需要加强对授信品种（授信分项）的分析和研究。

综上分析，需求授信法与偿债授信法两种授信原则均存在一定优势和一定的局限性，有必要探索兼顾两种授信原则的新的授信核定方法。

三、预留授信法的提出

笔者认为，将最高授信额度分解为可支配授信额度与预留授信额度两部分，可以较好地解决以上问题，即最高授信额度=可支配授信额度+预留授信额度，本书中将这一方法简称为“预留授信法”。其中，可支配授信额度以客户当前的真实需求为基础核定，商业银行可按客户需求在该额度内开展业务；预留授信额度考虑客户的最大偿债能力，指超过客户目前经营需要部分的授信额度，未经特殊审批程序不得使用，但在客户经营规模发生变化、合理有效需求确有增加的前提下，通过相对简化的审批流程，此额度可转为可支配授信额度。另外，特殊情况下需告知客户授信额度的，可以最高授信额度为准。

在预留授信法下，对于优质客户，当其有效授信需求不足，但由于各种原因，比如营销的需要、尚未完全确定的对外投资需要、尚未完全确定的扩大再生产需要等，可以在最大偿债能力的基础上核定最高授信额度时，最高授信额度与目前实际需求之前的差额作为预留授信额度。对于相对劣质的客户，一般情况下，偿债法额度小于需求法额度，则直接以偿债法额度作为最高授信额度，不再核定预留授信额度。对于难以明确区分绝对优劣的客户、合并报表无法获得但能通过其他渠道做出一定判断的客户，尤其是有授信需求的成员企业在整个集团成员企业中覆盖率不高的客户，预留额度这种方式的授信管理效率更为突出。当然，预留额度如何使用、是否预设条件、如何预设条件等，也是商业银行实践中的重要课题。不同行业和不同信用等级的客户有不同的预留额度管理方式。

从授信测算的角度，预留额度的使用主要解决了以下两个问题：一是统一了授信核定的基本原则，避免需求、偿债两个授信原则不统一导致的各银行间、各客户间授信额度可比性不强的问题，既解决了商业银行的业务实际问题，也解决了监管机构在政策制度、监管协调方面的语言不统一问题；二是明确地区分可支配额度与预留额度并分别进行测算，避免了授信原则不统一导致的建模困难问题，有利于更加科学地对授信额度进行测算和计量。

四、本章小结

总结本章的主要观点，法人客户授信测算有两个基本原则或方法：一是需求法原则或者称需求授信法，二是偿债法原则或者偿债授信法，以上两个原则统一于预留授信法。需要提醒读者的是，按照本书第一章确定的授信测算框架和流程，这两个测算方法均指授信理论值，即客户整体授信上限，还没有考虑授信“实际值”，即同业占比调整后各商业银行给予客户的具体授信额度是多少。

▶ 第三章

法人客户授信理论值的确定理念

在“授信额度（授信实际值）= 授信理论值×授信同业占比”的框架下测算客户授信额度，既需明确“授信理论值”和“授信同业占比”各自的含义，又需明确“授信理论值”和“授信同业占比”的相互关系。本章只探讨理念而不是研究具体方法，是因为理念决定方向和逻辑，是顶层的，而方法则是相对底层和常规的，是一般的财务、金融、统计的技术层面上的，并且理念相同的情况下方法可以有多种。本章研究授信理论值的确定理念，授信同业占比问题将在第五章进行研究。

一、授信理论值与授信同业占比的关系

笔者认为，客户的信用风险有两种分解方法：一是按期限分解，即分解为短期信用风险（一般指一年内）和中长期信用风险；二是按组合观点分解，即分解为个体信用风险和对整体信用风险的贡献。与之相匹配，“授信理论值”侧重于对短期信用风险和个体信用风险的估计，即在一个相对较短的时期内，仅依据客户自身的财务和非财务状况对其偿债能力进行考察，难以对中长期风险进行判断；而“授信同业占比”则侧重于对中长期信用风险以及个体对整体信用风险的贡献进行估计，即在考虑行业发展趋势、客户在中长期存在的不确定性因素（不可预知风险）、整体资产组合要求、客户排序和退出便利等问

题的基础上估算客户的信用风险，是商业银行信用风险偏好的集中体现。但是，中长期信用风险是不同阶段短期信用风险的累加，整体信用风险是个体信用风险绝对值与波动幅度的组合，因此“授信理论值”与“授信同业占比”本质上是紧密联系的，两者共同决定了客户合理的最高授信额度。

从数学关系来看，在 A＝B×C 计算范式下，如果 B 和 C 是相互关联的，那么 B 和 C 中必须有一个作为“定量”或“基准值”，即先确定的一个值；另一个作为“变量”或“调整值”。B 和 C 同时作为“变量”是无法确定 A 的。由上述关于“授信理论值”与“授信同业占比”的分析可知，首先确定“授信理论值”（将其作为“定量”），然后确定“授信同业占比”（将其作为“变量”）是符合逻辑的。也就是说，“授信理论值”的测算本质在于通过合理的财务、非财务指标，确定“适度”的标准是什么。但无论采取什么标准，授信额度的核定必须分两步走，即在确定“授信理论值”的基础上，再选择合适的“授信同业占比”，而不能模模糊糊地两者同时确定，甚至相互调整。

二、偿债法原则下授信理论值的核心是“适度”

（一）何谓“适度”

根据前两章的研究，授信理论值的计算有需求法和偿债法两种。需求法下企业的营运资金授信需求、衍生交易授信需求、项目授信需求的核定将在后续章节单独进行讨论。偿债法下授信理论值的估计是本章的研究重点。偿债授信法认为授信的最终目的是防范信用风险，只要在客户偿债能力范围内，无论是否与业务匹配，均可以核定授信额度或者预留授信额度。

但是，“客户偿债能力”如何估计呢？这是偿债法的核心问题。笔者认为，“客户偿债能力”的本质是确定客户的“适度负债水平”。“适度负债水平”是多数信用风险管理人员容易理解并愿意接受的概念。除了商业银行各级审查人员的专家判断或者商业银行自身的整体风险偏好外，一家大型商业银行必须找到一个可计算的指标作为“适度”的替代，否则无法实现银行整体管理的一致和高效。

进一步考察后会发现，由于“适度”的标准难以确定，其定量化是困难的。从实践来看，主流商业银行常常将“适度”视为“正常”处理，并用行业平均值来衡量这个“正常”，若存量适度负债水平大多以行业平均值作为计算基础，负债率等负向指标高于平均值，则以平均值为测算基础，且不再测算预期增量负债水平；若负债率等负向指标低于平均值，则测算预期增量负债水平即预留授信。但对于选择行业平均值中哪几个或者哪几类指标，以及是将指标分别设定阈值还是整合为一个“合成”指标，每个商业银行各不相同。

（二）行业平均值的应用及其不足

以钢铁行业为例，该行业的行业集中度不高，行业内企业数量较多，但经营业绩在两端的企业数量相对较少，大多数企业处于相对近似的水平，因此可以用行业平均水平来描述“正常”水平，也就是“适度”水平。但是可能有更多的行业并不适合用行业平均值来代替“适度”，而且笔者认为行业平均值的应用本身存在以下不足和误区：

1. 行业均值各指标间不可推导

例如，对于连续型生产企业或者贸易类企业，可以考虑将销售收入作为核定授信额度的测算基础，按“总负债(或付息负债)/销售收入”进行适度负债水平的估计。但由于一般财务比率或者上市后提供的公开数据中没有“总负债(或付息负债)/销售收入”这个指标，部分商业银行可能会考虑采用指标推导的方法，比如用资产负债率（总负债/总资产）和总资产周转率（销售收入/总资产，同时假设不考虑总资产周转率的计算，使用“平均资产总额”，而不是“年末资产总额”）两个指标的除数进行推导，得到“总负债（或付息负债）/销售收入”的行业平均值。

但是，按数学关系，虽然对单一客户 $D=E/F$ 成立，但是 D 和 E/F 的行业平均之比并不等于 D 的行业平均值，因此用“资产负债率行业平均值/总资产周转率行业平均值”计算“总负债（付息负债）/销售收入”的行业平均值是有问题的。同时，即使行业平均值中的数据可直接使用，也不可根据财务指标间的一般关系由两个以上指标推导出其他财务比率。也就是说，标准值中的各项财务指标间没有配比关系，其主要意义在于明确分析对象的某一个指标与行业平均水平的差别，并引导分析人员关注引起差别的原因。另外，行业平均值的计算有算术平均和加权平均两种方法。一般来说，视行业特点，选择以资产规模或销售收入等为加权基础的加权平均数相对更加科学客观一些。

2. 衡量综合偿债能力尚显不足

一般情况下，财务指标按偿债能力、周转能力、盈利能力和成长能力等进行分类。但实际上，企业各项指标是一个有机整体，任何一个或者一类财务指标均不可能完全反映客户的真正偿债能力，客户偿债能力是其所有财务指标的综合反映。如果简单地将不同的财务指标与相应行业平均值进行比较，常常会出现客户的一部分指标较好，但另外一部分指标却较差，同时又无法区分各指标的权重和重要性，从而无法科学决策的问题。因此，授信一定是对客户偿债能力的整体评价，而不是通过与行业平均值指标的对比实现的。核心逻辑是：客户负债率以外的指标决定了其负债率是否安全，而不是这个客户所在行业负债率的平均值决定了其负债率是否合理，因为行业平均值并不是行业安全值。

3. 数据来源和适用范围等存在局限

从目前的数据来源看，社会中介机构的数据多为上市公司数据，非上市公司数据没有统计；商业银行的数据为自己客户的数据，行业和客户类型覆盖面不够。从行业分类看，无法考虑混业经营的问题。比如钢铁行业，一般分为“黑色金属矿采选业”和“黑色金属冶炼及压延加工业”两类，但由于钢铁客户综合化经营的特点，现实中单独进行采选和冶炼的客户均较少，因此给行业平均值的运用带来一定的困难。另外，计算行业平均值过程中，有的机构使用客户财务指标的算术平均值，有的机构则按客户的资产规模使用客户的加权平均值，但对于不同行业不同类型客户而言哪个更好，目前尚没有定论。

综上，“授信理论值”的核心是“适度”，而“适度”的本质是标准的确定问题。同时，不同行业的客户、同一行业内不同类型的客户有不同的“授信理论值”测算方法。因此，为克服单一测算模型概括能力不足的局限性，需要对客户进行不同角度的分类，以确定不同的测算原则。下面以大型优质客户和一般客户这种相对简单的分类方法为例，对授信理论值的测算进行简要分析和说明。

三、大型优质客户授信理论值的确定理念

以中国目前的经济现状看，无论哪个行业，即使是“两高一剩”等银行相对避险的行业，重点头部客户总是商业银行的优质客户，因此苛求对大型优质客户的授信同业占比意义不大。但是，由于理论上任何客户均存在大额投资失败或经营恶化的可能，可考虑在严格的名单制管理下设定相对宽松的授信同业占比和资产负债率两个控制线，在集团整体层面或者核心客户上则不再进行全面的偿债能力分析，这样既可以控制风险，又可以提高效率。

比如，考虑到大型优质客户管理水平较高，经营风格较为成熟和稳健，对于杠杆运用相对充分的客户（比如钢铁行业可以授信时点资产负债率的70%为标准），应认可其目前的融资状况为相对合理的负债规模，不再进行授信理论值的测算，直接将客户即期银行融资总量作为授信理论值（当然，资产负债率不能区别有息负债和应付账款、预收账款等商业信用的占比），同时按以下两个控制线核定最终授信额度：一是80%的同业占比控制线（根据国内银行业的竞争状况，对行业内的重点客户，单一银行实际融资占比达到80%几乎没有可能）；二是70%（含）的资产负债率控制线，即当企业负债率达到70%时，不再增加融资或压缩融资（降低同业占比控制线），当下一年度授信时点负债率超过70%（含）时，则将其从该类白名单中剔除。对于负债率低于70%的客户，按照以上原则确定出的负债规模作为“存量合理负债规模”，然后再根据一般客户授信理论值的确定方法确定“预期增量负债规模”。

一般情况下，预期增量负债或者预留授信额度的产生来源于以下几种情况：一是剩余投资能力存在，但未知是否进行新的投资和负债。这种情况可以按国家产业政策，如按照30%的项目资本金，倒推70%的负债水平，预先核定一个可能的增量授信。二是剩余投资能力存在，已知将进行项目投资。可根据该行业的特点，借助项目评估技术，考虑客户信用等级和剩余投资能力，辅以适当的调整系数，确定目标资产负债率，倒推客户预期增量负债规模。三是预计未来时间内新项目投产带来的增量营运资金类或者其他综合类资金需求。四是对于集团客户，虽然能获得集团合并报表，存在较大的集团整体融资需求，但该银行没有全部覆盖成员企业，为新成员纳入授信提供预留空间。

四、一般客户授信理论值的确定理念

对于非大型优质客户，考虑到其偿债能力受行业波动影响较大，且影响信用风险的不确定性因素较多，应逐户分析并核定授信额度。按照本书确定的授信核定原则，最高授信额度分解为可支配授信额度和预留授信额度。相应地，授信理论值的测算需要按可支配授信额度和预留授信额度分别考虑，即以客户现有的经营规模为基础，按照适度负债的原则和方法，确定可支配授信额度对应的授信理论值，称为“存量适度负债水平”；以客户剩余投资能力为基础，同样按照适度负债的原则和方法，确定预留授信额度对应的授信理论值，称为“预期增量负债水平”。需要强调的是，大型优质客户和一般客户都存在预期增量负债水平的测算。

五、本章小结

“授信理论值”与“授信同业占比”本质上是紧密联系的，两者共同决定了客户合理的最高授信额度。授信额度的核定必须分两步走，即在确定“授信理论值”的基础上选择合适的“授信同业占比”，而不能模模糊糊地两者同时确定，甚至相互调整。以此为基础，本章以大型优质客户和一般客户这种相对简单的分类方法为例，对授信理论值的测算进行了简要探讨。另外，在商业银行实践中，较多地使用行业平均值来设定分析标准、提高分析效率，且部分大型商业银行有自己客户的数据积累，部分大型评级或者咨询机构也会发布部分的行业平均值或者标准值。但是，由于行业平均值仅仅告知了客户的偿债参照系，并没有对授信额度的准确计算，加之其本身在评价真实偿债能力上的局限性，实际工作中常常出现以行业平均值为基础的授信测算值与客户实际融资情况偏离较大的现象。因此，如何通过一定的方法，将各类财务、非财务指标整合为一个最终偿债指标，从而规避行业平均值只反映“平均水平”、不反映“安全程度”的不足，是商业银行最期待的解决方案，当然也是业内难题。

为此，笔者提出了一个更为综合性地衡量客户偿债能力的指标——可偿债货币资金，并结合客户的违约概率，根据基于预期现金流的方法对该指标的适度性进行计算。该方法将在第四章进行专门研究。

▶ 第四章

基于可偿债货币资金随机模拟的授信测算方法

由于货币资金是客户偿还债务的直接来源，违约客户最终将表现为偿债资金出现缺口，因此未来一期或多期可用于偿债的货币资金量是衡量客户偿债能力的最为综合性的指标。因而，授信问题可归结为对客户融资能力的压力测试问题（或者敏感性分析问题），即在对影响客户偿债能力的各项因素进行充分估计的基础上预测客户未来可偿债货币资金的多少，并在一定的违约标准下确定客户的负债规模是否适度。本章以房地产行业为例对该方法进行论述。基本逻辑是：设定一定的客户最低货币资金持有标准，以此为基础进行基于随时模拟的压力测试，压力测试结果为客户的违约概率；同时，商业银行设定一个可接受的违约概率，将压力测试下可接受违约概率的负债水平和结构作为核定最高授信额度的基础。需要特别说明的是，由于涉及客户违约概率的估算，所以即使不考虑客户财务信息的商密问题，以任何一家企业作为模拟对象均不恰当。同时，随机模拟的基础财务数据须符合我国房地产行业企业的基本特征，因此本书做出替代处理，将中国房地产行业整体加总数据作为一个“大”客户（以下简称“模拟主体”）进行模拟分析，并借鉴笔者《中国商业银行信用风险估算与防范研究——基于房地产价格调整的视角》一书的研究成果，以房地产开发贷款的授信额度作为研究对象，对房地产企业可偿债货币资金授信法进行研究。

一、压力测试方法的选择和违约标准的确定

（一）压力测试方法的选择

在国际货币基金组织（International Monetary Fund，IMF）和世界银行（World Bank，WB）联合开展的金融部门评估规划（Financial Sector Assessment Programme，FSAP）框架下，压力测试已成为评估商业银行应对各类冲击能力的重要手段。从各国实践来看，压力测试在市场风险管理中的应用较多，由于数据和模型的限制，信用风险的压力测试尚处于探索阶段。关于信用风险压力测试的英文文献可分为两类：一类是关于压力测试基本原理和方法的研究，如新加坡货币监管局（2003）、Shaw（1997）、Kupiec（1999）、Kim（2000）等的研究，Marco Sorge（2004）对这类文献进行了较好的总结；另一类则侧重于压力测试的实证分析，大多是基于时间序列数据和面板数据（panel data）的简化压力测试模型分析，如 Petr Kadeřábek 等（2008）对个人贷款的违约概率进行了压力情景下的分析；Dietske Simons 和 Ferdinand Rolwes（2008）对荷兰银行业的公司借款进行了宏观压力测试。另有一些学者的研究相对深入，为解决线性假设和前人在数据处理上的不足提出了一些新的思路，如 Michael C. S. Wong 和 Yat-fai Lam（2008）利用 KMV 模型的思想，提出了一个基于历史违约数据的压力测试模型，以期解决监管机构压力测试结果的定制问题；Mathias Drehmann（2005）利用改进的 Merton 模型，对英国银行业的公司贷款进行了宏观压力测试等。

国内学者也已对信用风险压力测试做了一些很有意义的研究和探索，如刘晓星（2009）和周子元（2009）对国外压力测试的研究与实践进行了较好的综述；陈阳、陈双杰（2009）选择房价与利率作为冲

击变量，对我国房地产开发企业违约概率进行了压力测试研究，认为当房价下跌幅度超过15%时，房地产开发企业的违约概率开始急剧上升；孙彬、杨朝军和于静（2009）对Copula函数在压力测试中的应用进行了研究，为组合投资风险管理提供了一个新的思路；华晓龙（2009）利用LOGIT模型，对GDP大幅下降和CPI骤升情景下我国银行体系贷款违约率进行了压力测试；等等。

综上，笔者从以上研究成果中发现以下四个特点：一是压力测试的方法无定式，即无模型上的定式（统计方法和计量方式）和无测试主体的定式（主体可以是一个经济体、一个国家、一个行业或者一个企业）；二是以定性分析和综述为主（尤其是国内的研究成果），定量分析中运用的数学模型相对简单（LOGIT模型居多），且很难规避假设条件过多导致的模型风险；三是情景设定的研究与压力测试的实证没有很好地结合起来，缺少有说服力的实证研究结论；四是以宏观经济数据对整个银行业进行宏观压力测试的研究居多，分部门、分区域的压力测试较少。

笔者认为，由于国民经济发展具有不平衡性，仅仅从整个宏观经济角度进行压力测试研究显然不能满足宏观监管和政策制定的要求，比如经济总体向好的时期，钢铁行业可能存在严重的产能过剩、房地产行业可能即将出现拐点，但黄金产业的发展前景可能看好。因此，对某一行业，特别是对重要行业进行分部类的压力测试研究显得相当重要。从关于房地产相关信用风险的压力测试研究来看，主要存在三个不足：一是通常只考虑波幅（如房地产价格下跌比例），而没有考虑波长，即价格在一定水平的持续时间；二是对风险产生的宏观因素和行为金融因素的分析较多，对房地产开发企业的资金流程、资产结构及财务特点的分析较少，研究思路和方法没有体现出房地产业自身的特点；三是对房地产价格和成交量的关注较多，考虑房地产相关成本（主要是建安成本和地价）进行压力测试的分析尚未发现。

目前，各商业银行的 VAR 测算模型的参数设定以正常时期房地产开发贷款的违约概率为基础，很难规避房地产行业繁荣时期的短视问题，没有对极端情况下（房价大幅下跌）面临的开发贷款信用风险进行测度，不能定量地反映房地产业周期性波动或者泡沫破裂对银行业甚至金融业的冲击。因此，基于可偿债货币资金的信用风险压力测试，是测算房地产行业客户授信的重要视角和路径之一。

（二）违约标准的确定

对于违约标准的确定，不同学派有不同的标准，在经典的信用风险度量模型中，结构式模型（如 Merton 模型）一般假定当公司资产价值低于其债务价值时发生违约，而我国商业银行的一般实践中将借款人欠息时间、逾期时间或者财务、经营情况的突发性恶化作为违约标准。本章通过模拟主体现金流量的变化（Monte Carlo 模拟法）判断其偿债能力，将货币资金余额低于"年度管理费用+半年银行利息"作为违约标准，即通过随机模拟的方法确定模拟主体未来现金流量的变化情况，以模拟主体的净货币资金余额低于一定的水平作为判断违约的标准。

另外，目前即使是发达国家，对商业银行违约损失率的研究也尚处在初级阶段，《巴塞尔新资本协议》依不同贷款类型对违约按一定比例进行估计，因此依据一般商业银行的数据储备来科学估计违约损失率是困难的，所以本章将违约概率作为压力测试的目标变量。

二、模拟主体数据的估算

既然将一个行业作为测试主体，那么我们就需要得到整个行业的主要财务数据，即总体财务报表。从财务角度讲，合并数据是最好的选择，但行业的合并报表尚无机构编制；考虑到房地产开发企业间的交易并不多，可用合计财务数据代替合并数据；由于目前能得到的合计数据并不全面，所以需要根据公开信息进行推算。

Wind 资讯提供的 20××年全国房地产开发企业全行业总量财务数据如表 4-1 所示。

表 4-1　20××年全国房地产开发企业全行业总量财务数据

单位：万元

资产总计	负债总计	所有者权益	本年折旧
1 448 335 466	1 047 823 089	400 512 377	3 401 887
营业利润	经营总收入	土地转让收入	商品房屋销售收入
34 322 297	266 968 448	4 668 480	243 941 196
房屋出租收入	其他收入	经营税金及附加	累计折旧
5 214 733	13 144 011	18 291 968	14 141 374

Wind 资讯提供的 20××年全国房地产行业企业绩效评价标准值平均值指标如表 4-2 所示。

表 4-2　20××年全国房地产行业企业绩效评价标准值平均值指标

单位：次，倍

净资产收益率（%）	6.9	总资产周转率（%）	0.3	资产负债率（%）	76.7
总资产报酬率（%）	3.5	应收账款周转率（%）	8.4	已获利息倍数	3.1
销售（营业）利润率（%）	19.5	流动资产周转率（%）	0.5	速动比率	69.1
盈余现金保障倍数	-1.6	资产现金回收率（%）	-0.4	现金流动负债比率（%）	-0.6
成本费用利润率（%）	9.5	带息负债比率（%）	64.9	销售（营业）增长率（%）	8.1
资本收益率（%）	5	或有负债比率（%）	6.5	存货周转率（%）	—
资本保值增值率（%）	104.7	资本积累率（%）	7.3	销售（营业）利润增长率（%）	5.9
三年资本平均增长率（%）	6.9	总资产增长率（%）	9.5	三年销售平均增长率（%）	4.3

显然，我们可以根据表4-1和表4-2提供的信息，对房地产开发全行业的数据进行倒推估算。一般来说，房地产开发企业收入主要分为商品房屋销售收入、土地转让收入、房屋出租收入和其他收入，其中土地转让收入、房屋出租收入和其他收入占比较小（10%以内，按表4-1数据计算），且土地转让收入大多属于房地产开发商之间交易，从整个行业角度看可以不予考虑，因此简易财务报表的销售收入可以仅考虑商品房销售收入部分。同时，由于房地产开发企业综合化经营的情况较多，并且房地产开发企业的投资人亦常常分布于不同的行业，所以表4-1中行业总资产的统计无法避免包括非房地产业务资产，因此表4-1和表4-2中的数据进行推算会造成财务数据间的不匹配。

但是由于“商品房屋销售收入”一项的概念明确（只有房地产商品的销售才能计入该统计科目），且房地产开发贷款以项目抵押贷款为主，开发贷款大多在房地产开发项目内使用或者在项目间循环，“商品房屋销售收入”是相应贷款的主要还款来源，因此我们应以“商品房屋销售收入”和“房地产开发贷款”两项相对“单纯”的指标作为其他财务数据和指标的预测基础。同时，由于房地产销售收入为压力测试的主要间接施压变量，所以用房地产销售收入倒推行业总量数据逻辑上也是合理的。另外，笔者在数据估算中发现，从Wind资讯提供的相关数据中尚不能全部得到压力测试所需全部基础数据，因此本书参考国内某大型商业银行“20××年企业评价标准值房地产业全行业平均值数据”中的预收账款与销售收入的关系指标，按照预收账款÷(预收账款+销售收入)=40%，作为表4-1和表4-2指标的补充，并得到“预收账款=2/3销售收入”的估计数量关系。经估算，20××年我国房地产行业主要行业财务数据推算如表 4-3 所示。

表 4-3　20××年我国房地产行业主要行业财务数据推算

单位：亿元

资产总额	88 000	负债总额	68 000
流动资产	50 000	付息负债（非常规财务指标）	44 000
其中：货币资金	2 500	其中：开发贷款	19 300
应收账款	500	其他付息债务	24 700
预付账款	2 000	非付息债务	24 000
存货	45 000	其中：预收账款	17 000
非流动资产	38 000	所有者权益	20 000

注：①销售收入按 25 000 亿元计算；②开发贷款数据来源于中国人民银行公告数据。

三、随机变量的选择及其相互关系的确定

（一）随机变量的选择

房地产作为一种特殊的商品，由于开发和建设周期较长（住宅项目的开发建设周期相对较短，一般也需要 18 个月以上），所以房地产企业面临较多的经营和财务风险。同时，由于我国特殊的土地制度、预售制度的存在，加之违规操作盛行（包括开发商、商业银行和其他资金提供者多个方面），房地产开发企业的资金运作过程异常复杂。由于现金是偿债的直接来源，所以资金流程的梳理是分析房地产开发企业信用风险的关键。但是，房地产行业存在企业差异化大、产品异质性强的特点，为便于分析整个行业的信用风险水平，笔者对房地产开发企业的资金流及时间节点做出的一般性假设见表 4-4。

表 4-4 房地产开发企业的资金流及时间节点一般性假设①

资金来源项目		资金支出项目	
来源种类	时间节点	支出种类	时间节点
项目自有资金	T	土地款	T
开发贷款	T+6	建筑承包费	T~24（按进度支付）
首付（含定金等）	T+12	财务费用	(T+6)~还款
按揭贷款	T+14	人工及其他费用	T~

注：假设房地产开发商首次交纳土地款的时间为 T，时间以月为单位递增。

从表 4-4 可以看出，房地产开发商存在以下经营和财务风险：

（1）土地成本风险。由于土地款付出至个人住房贷款到位需要大约 14 个月（如果开发商只购地不开发，时间会更长），而土地价格主要取决于土地购买时点的房地产市场状况，一旦房地产价格下跌到一定水平，开发商会面临高价拿地的风险。另外，虽然开发商得到按揭贷款的时间为 T+14，但购买者交纳首付时已确定了最终购买价格（首付和定金可视为同一时间交付），因此，如果不考虑退房因素（房地产市值下跌程度>定金），可以按 12 个月内土地价格变动的风险衡量土地成本风险。

（2）建筑承包费风险。根据目前我国房地产开发的现状，建筑承包费为一个总合同，几乎包括所有的建筑安装成本。也就是说，开发商在与建筑商签订合同时会预估建材、安装（包括人工）和装修的成本，一次性签订一个总承包合同。由于建安成本与房地产市场的繁荣程度是正相关的，GDP 和固定资产投资增长较快的时候常常是建安成本较高的时候，而且按照正常流程，开发商拿地后建筑施工开始，如果 12 个月后房地产市场陷入低迷，开发商将面临建筑施工

① 表 4-4 的假设：上述时间节点假定为住宅、商用和写字楼的平均水平；开发商一次性付清土地款；不考虑建筑公司垫款。

费过高的风险。

由于土地成本和建安成本是房地产开发的主要成本，并且存在明显的波动性，所以对房地产开发企业进行压力测试，就必须考虑将以上两项成本设定为冲击变量。但是，我国地价指数发布的时间较短，建安成本中包括的项目极其复杂，如果单独测度以上两项风险存在困难，也没有必要。本书选择了一种简单、有效的方法进行处理，即存货变动法。根据前面的分析，存货是房地产开发企业的主要资产，且土地成本和建筑承包费要全额计入存货，因此我们可以通过观察存货的变化来测度总体风险。

（3）销售收入下降风险。历史经验表明，销售收入急剧下降是房地产行业萧条甚至崩盘的主要原因，而销售收入为销售价格和销售数量的乘积，因此销售收入和销售价格均是本书需要重点考察的最为重要的随机变量。

（4）利率变动风险。房地产开发企业同时具备资金密集和付息负债占比较高的特点，利率变动会明显影响其生产成本。一般来讲，利率的变动主要由 CPI 和 GDP 增长速度决定，但考虑到我国房地产业对 GDP 的贡献度较高，压力环境下如果房地产行业出现低迷，政府一般会采取低息政策而不会加息，包括始于 2006 年的金融危机，美国在房地产市场面临危机的时候同样选择了迅速降低基准利率的举措，因此将加息设定为压力情景因素之一是缺乏逻辑基础的。综上，保守起见，本书将压力环境下的利率设定为固定不变的。

因此，本书将选择房地产销售价格（P）作为施压变量，将房地产销售面积（S）和存货变动作为中间冲击变量，通过销售价格的变化对模拟主体的可偿债现金进行预测，从而对其压力情景下的违约概率进行研究。

（二）随机变量间相互关系的确定

根据以上分析及宏观经济学的基本原理，施压变量与3个中间冲击变量间的关系不是任意的，本书用相关系数法确定变量间的内在联系，并假设2个变量均服从正态分布，存货支出数据按不同层级进行设定。数据选择下：

price：全国房地产价格销售指数。

sale：全国房地产销售面积。

其中，价格变动率和存货支出比例是压力测试过程中设定的，只有销售面积变动率是随机的，其他变量独立或随机按照确定的关系而变化。关于销售面积变动率，由于“销售面积变动率=下一期销售面积÷本期销售面积-1”，假设销售面积变动率的随机性来自下一期销售面积的随机性，然后利用Monte Carlo模拟生成销售面积并进而计算违约率。

具体而言，由于销售面积与销售价格之间有一定关系，不妨假设二者服从联合正态分布。全国房地产价格销售指数记为*price*，全国房地产销售面积记为*sale*，根据历史统计数据，可以得到*price*和*sale*的均值、方差和相关系数，见表4-5和表4-6。

表4-5　变量间相关关系

	price	*sale*
price	1	0.7762
sale	0.7762	1

表4-6　变量统计特征

	均值	标准差
price	104.55	3.1411
sale	38485	22314

但是，鉴于国内房地产改革发展状况和市场发育程度，以及统计数据的可信度等原因，我国房地产价格波动不大。因此采用美国 1987 年到 2009 年 9 月房地产价格和销售数据①重新计算价格和销售间的关系及价格的方差，计算得到 *price* 标准差为 40. 17，相关系数为 0. 5665。

现在需要计算在已知 *price* 情况下 *sale* 的条件概率。根据多元统计学的知识，如果式（4-1）成立，那么 *sale* 的条件概率分布为式（4-2）：

$$\begin{pmatrix} price \\ sale \end{pmatrix} \propto N\left(\begin{pmatrix} u_p \\ u_s \end{pmatrix}, \begin{pmatrix} \sigma_p^2 & \Sigma \\ \Sigma & \sigma_s^2 \end{pmatrix}\right) \tag{4-1}$$

$$(sale \mid price = p) \propto N\left(u_s + \frac{\Sigma}{\sigma_p^2}(p - u_p), \sigma_s^2 - \frac{\Sigma^2}{\sigma_p^2}\right) \tag{4-2}$$

根据上述计算结果，销售面积增幅 *sale* 在房价已知为 *p* 时的条件概率分布仍然为正态分布，其具体形式为：

$$(sale \mid price = p) \propto N(5.1011p - 0.1624, 0.015) \tag{4-3}$$

四、蒙特卡洛模拟与违约概率预测

（一）模拟主体简易现金流量表的构造与压力测试建模

与其他行业相同，房地产行业的现金流量也包括经营、筹资和投资三个部分，为了准确、简洁地反映施压变量与现金流量变化的关系，需要对现金流量的各部分进行分析，做一些合理性假设，构造一个简易现金流量表。

1. 筹资活动现金流量

筹资活动现金流入主要包括股东投资、股东借款、银行贷款、发行债券或者其他借贷，由于房地产企业大多为有限责任公司，融资品种一

① 数据来源于 Bloomberg。

般为以项目为基础的抵押借款，无股东或者第三方担保。考虑到压力测试本身为不利情景的测试，压力情景下，股东、银行和其他资金提供者向房地产开发企业新增融资的可能性都较小，筹资活动现金流入量可以忽略不计；同时，在压力测试情况下，原资金提供者可能会收回投资，筹资活动现金很可能会出现一定的流出，但流出数量需依靠经验确定，因此压力测试环境下筹资活动现金流量可以假设为净流出，本书假设流出规模为付息负债总额的10%。

2. 投资活动现金流量

由于房地产企业非流动资产占比较小，且变现难度相对较大，压力测试环境下的投资活动现金流入可以忽略不计；同时，不利环境下房地产开发企业进行股权投资和固定资产投资的可能性也较小，投资活动现金流出亦可以忽略不计。因此，压力测试环境下投资活动现金整体净流量可以假设为零。

3. 经营活动现金流量

经营活动现金流入主要来源于商品房屋销售收入，现金流出主要为支付的土地款和建筑承包费（存货相关变动），经营活动现金净流量为偿债资金的根本来源，也是本书的分析重点。根据会计学的相关知识，考虑到存货变化是房地产开发企业主要的经营性现金流变化的来源，我们可以得到财务数据之间的关系如式（4-4）所示：

$$\text{当年现金支出}=\text{年末存货余额}-\text{年初存货余额}+\text{上年销售结转的存货额} \quad (4\text{-}4)$$

其中：对于房地产开发企业，上年销售结转的存货额与营业成本相近。

又由：

$$\text{存货周转率}=\text{营业成本}/\text{存货（平均）} \quad (4\text{-}5)$$

因此，在已知各年度存货余额和存货周转率的情况下，可以得到压力期因存货变动导致的经营性现金流变化情况。

综上，期初现金存量、经营活动现金净流量和筹资活动现金流出量是笔者关注的重点。另外，现金流量并非时点数，而是一个时期内整个行业现金收入和支出的归集。按照习惯，本书选取一年作为压力测试区间。销售价格并非年末或者12月的时点价格，而是一年内的平均销售均价，销售均价与销售总面积的乘积即为销售额。模拟主体简易现金流量表及各主要项目压力情景下的变动路径和幅度假设如表4-7所示。

表4-7　模拟主体简易现金流量表及各主要项目压力情景下的变动路径和幅度（一）

项目		变动路径和幅度
0	期初现金及现金等价物余额 *X*0	20××年末数据
1.1	经营活动现金流入项 *X*11	*X*111
1.1.1	有现金来源的销售收入（会计收入+预收账款）*X*111	随机数据
1.2	经营活动现金流出项 *X*12	*X*121+*X*122+*X*123+*X*124+*X*125
1.2.1	存货支出 *X*121	设定数据
1.2.2	管理费用 *X*122	销售收入的5%
1.2.3	销售费用 *X*123	销售收入的4%
1.2.4	营业税金及附加 *X*124	销售收入的10%
1.2.5	所得税费用 *X*125	(*X*111−*X*121−*X*122−*X*123−*X*124)×25%
2	筹资活动现金流出项 *X*2	*X*21+*X*22
2.1	付息负债本金 *X*21	减少10%
2.2	付息负债利息 *X*22	付息负债本金×7%
3	期末现金及现金等价物余额 *X*3	*X*0+*X*11−*X*12−*X*2

注：由于以上销售价格和销售面积为实际成交价格和面积，无须考虑购房者放弃购买导致的销售收入减少问题。

几项假定及压力测试建模如下：

A. 违约条件：$X3<X122+X123+X124+X22\times0.5$

B. 存货变化的几项假设：假设企业基于持续经营目的将年底存货保持在一定水平之上，为避免存货低于这一水平而进行的补充（这里称该项支出为“存货支出”）需要一定周期，因而在压力测试的“事前”进行，并且等于现有存货水平的一定比例。为了分析作为贷款主体的房地产企业对房价下跌的不同反应，这里区分上述比例分别等于40%、50%、60%、70%、80%、90%的六种情形，分别进行压力测试。

C. 应付账款余额不变。

按照上述约束，以 A、B、C 为条件，对表 4-7 中的数据进行补充后得到表 4-8。

表 4-8　模拟主体简易现金流量表及各主要项目压力情景下的变动路径和幅度（二）

项目		变动路径和幅度（亿元）
0	期初现金及现金等价物余额 X0	2 500
1. 1	经营活动现金流入项 X11	X111
1. 1. 1	有现金来源的销售收入（会计收入+预收账款）X111	40 000×(1+价格变动率)×(1+销售面积变动率)
1. 2	经营活动现金流出项 X12	X121+X122+X123+X124+X125
1. 2. 1	存货支出 X121	30 000×存货支出比例
1. 2. 2	管理费用 X122	X111×5%
1. 2. 3	销售费用 X123	X111×4%
1. 2. 4	营业税金及附加 X124	X111×10%
1. 2. 5	所得税费用 X125	(X111-X121-19%×X111)×25%
2	筹资活动现金流出项 X2	X21+X22
2. 1	付息负债本金 X21	4 400

续表

项目		变动路径和幅度（亿元）
2.2	付息负债利息 $X22$	$X21\times7\%$
3	期末现金及现金等价物余额 $X3$	$[X0+X11-X12-X2]$

注：① 2.2 项仍然按 2.1 项对应的压力期上年度的付息负债额；②为计算方便，上述数据大多进行了取整处理。

（二）蒙特卡洛模拟结果与分析

将房屋销售价格指数阈值设定为下降 30%，压力测试的基本场景有以下 9 种：房屋销售价格指数保持不变、下降 5%、下降 10%、下降 15%、下降 20%、下降 25%、下降 30%、下降 35%和下降 40%。随机产生的场景的数量设定为 10 万个，在每个场景中预测和模拟行业的现金流情况，根据大数定律，行业平均的违约概率=违约场景数/100000。

在假设 A、B、C 的条件下，根据随机生成的销售面积对企业的现金流量进行预测，根据预测结果来分别判断企业是否违约，违约标为 1，不违约标为 0。将以上的过程重复进行 10 万次，产生 10 万个场景，分别计算违约次数并除以模拟次数，即得到违约概率，结果见表 4-9、图 4-1。

表 4-9　不同存货支出情况下违约概率与房价下降幅度的关系

房价下跌幅度	存货支出比例					
	40%	50%	60%	70%	80%	90%
1%	0.0205	0.0422	0.0796	0.1376	0.2188	0.3232
2%	0.0219	0.0444	0.0834	0.1438	0.228	0.3355
3%	0.0228	0.0464	0.0878	0.1501	0.2387	0.3491
4%	0.024	0.0488	0.0925	0.1571	0.2482	0.3618
5%	0.025	0.051	0.0952	0.1648	0.2588	0.3744
6%	0.0257	0.0534	0.1004	0.1716	0.2689	0.3891
7%	0.0273	0.0558	0.1051	0.1804	0.2809	0.4035

续表

房价下跌幅度	存货支出比例					
	40%	50%	60%	70%	80%	90%
8%	0. 028	0. 0588	0. 1094	0. 1873	0. 2925	0. 4175
9%	0. 0295	0. 0616	0. 1149	0. 1957	0. 3048	0. 4326
10%	0. 0308	0. 0642	0. 1204	0. 2039	0. 3148	0. 4477
11%	0. 0323	0. 0672	0. 1257	0. 2132	0. 3289	0. 4624
12%	0. 0338	0. 0698	0. 1315	0. 2227	0. 3418	0. 4781
13%	0. 0349	0. 0733	0. 1372	0. 2321	0. 3545	0. 4947
14%	0. 0363	0. 0762	0. 1436	0. 2419	0. 3681	0. 51
15%	0. 0383	0. 0797	0. 1496	0. 2516	0. 3815	0. 5276
16%	0. 0399	0. 0837	0. 1566	0. 2616	0. 3954	0. 5423
17%	0. 0414	0. 0877	0. 1636	0. 2731	0. 4103	0. 5594
18%	0. 0432	0. 0909	0. 1702	0. 2837	0. 4247	0. 5753
19%	0. 0447	0. 0952	0. 1783	0. 2957	0. 4392	0. 5925
20%	0. 047	0. 0989	0. 184	0. 3077	0. 4549	0. 6091
21%	0. 0489	0. 1035	0. 1943	0. 3196	0. 4705	0. 6258
22%	0. 0507	0. 1082	0. 2019	0. 3318	0. 4855	0. 6424
23%	0. 0529	0. 1129	0. 2101	0. 3442	0. 5023	0. 6592
24%	0. 0545	0. 1175	0. 2191	0. 3575	0. 5184	0. 6763
25%	0. 0569	0. 1227	0. 2284	0. 3712	0. 5347	0. 6931
26%	0. 0591	0. 1276	0. 2373	0. 3849	0. 5523	0. 7104
27%	0. 062	0. 1331	0. 2466	0. 399	0. 5697	0. 7264
28%	0. 0639	0. 1382	0. 2574	0. 4134	0. 5858	0. 7417
29%	0. 0663	0. 1441	0. 2672	0. 4278	0. 6026	0. 758
30%	0. 0691	0. 15	0. 2781	0. 443	0. 6192	0. 774
31%	0. 0722	0. 1563	0. 2896	0. 4585	0. 6371	0. 7887
32%	0. 0746	0. 1626	0. 3002	0. 4747	0. 6544	0. 804
33%	0. 0774	0. 1698	0. 312	0. 4904	0. 6715	0. 8188

续表

房价下跌幅度	存货支出比例					
	40%	50%	60%	70%	80%	90%
34%	0.0802	0.176	0.3242	0.5068	0.6891	0.8325
35%	0.0829	0.1831	0.3365	0.5242	0.7053	0.8465
36%	0.0866	0.191	0.3501	0.5407	0.7227	0.8597
37%	0.0892	0.1985	0.3627	0.558	0.7387	0.8727
38%	0.0925	0.2071	0.3763	0.5754	0.756	0.8846
39%	0.0963	0.2134	0.3911	0.592	0.7727	0.8963
40%	0.1002	0.2233	0.4046	0.6101	0.7883	0.9066

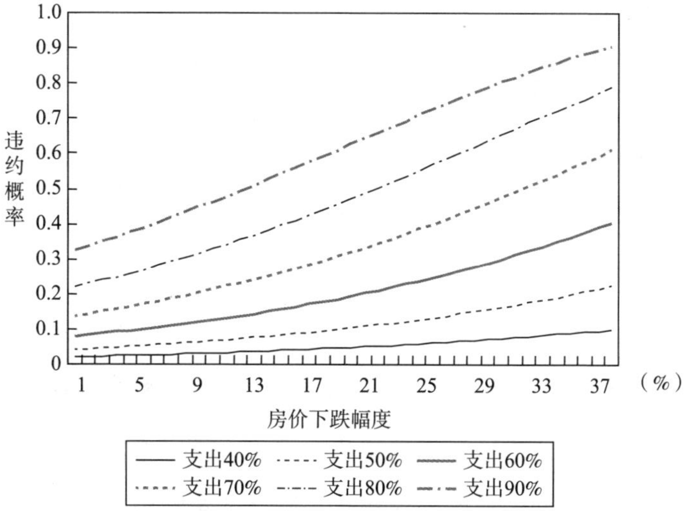

图 4-1　不同存货支出情况下违约概率与房价下降幅度的关系

模拟结果显示，假设开发商对前景看跌，取60%作为存货支出的谨慎假设（温和压力情景），当房价分别下降 5%、10%、15%、20%、25%、30%、35% 和 40% 时，违约概率分别为 9.52%、12.04%、14.96%、18.40%、22.84%、27.81%、33.65%和40.46%。此处得到的结果为违约概率，而不是通常所讲的不良贷款率，原因是“不良贷款率”为专有名词，其计算方法是有明确规定的[①]，与本书设定的违约标准并不相同，本书中在一年的压力期下测算得到的违约贷款最终是否会成为不良贷款则同时受其他因素影响。根据笔者对房地产经济周期的研究，即使出现古典周期中的下降周期，如果周期的波长较短，如 1 年，那么 1 年后当房地产行业重新繁荣的时候，上述违约贷款可能会成为正常贷款；但同样，如果周期的波长较长或者房地产不景气维持了较长时间，则上述违约水平会进一步恶化，并带来不良贷款的显著增加。

对模拟结果做进一步分析发现，违约概率随存货支出水平的增加迅速上升。也就是说，如果开发商盲目乐观、不能冷静决策、在房地产出现拐点前仍进行大规模投入，那么将给商业银行带来更大的损失。

五、本章小结

根据以上研究和分析，模拟违约概率与授信关系如下：如果假设某商业银行接受 15%的违约概率[②]，那么在开发商取 60%作为存货支出计划、房价下降 15%以内的情景下，商业银行都是可以接受的。由此，商业银行可以根据开发商当前的负债水平、未来投资计划导致的负债增长、商业银行自身对房价调整的预测等因素，再考虑同业占比，最终得到一定时点或者时期客户的授信额度，即商业银行设定一个可接受的违约概率，在压力测试场景下，该商业银行可接受违约概率对应的负债水

① 依据贷款五级分类，不良贷款包括次级类贷款、可疑类贷款和损失类贷款三类。其中，次级类贷款指借款人的还款能力出现明显问题，完全依靠其正常营业收入无法足额偿还贷款本息，即使执行担保，也可能会造成一定损失的贷款；可疑类贷款指借款人无法足额偿还贷款本息，即使执行担保，也肯定要造成较大损失的贷款；损失类贷款指在采取所有可能的措施或一切必要的法律程序之后，本息仍然无法收回或只能收回极少部分的贷款。

② 除了本章第四部分提到的模拟违约概率与不良贷款率的区别外，由于数据模拟和构造的原因，读者无须就此违约概率水平与商业银行真实不良贷款率进行比对。本书仅以模拟主体为例，提供了一个如何由模拟违约概率向授信额度核定转换的方法和思路。

平和结构就是核定最高授信额度的基础。需要特别说明的是，该方法是一个综合性指标法，与所有其他方法不同的是，该方法没有对客户的财务指标和结构进行强行规定和假设，只是以客户的财务现状为基础，由商业银行根据对行业和客户的判断设定压力测试场景，接着判断不同场景下客户的财务情况是否健康，然后根据客户的整体负债情况给出不同场景下授信额度的参考值。如果需要对客户的财务结构进行调整，比如认为后续客户的应付账款会减少、银行融资会增长，则可以按财务准则推算新的模拟主体，然后用此方法进行授信额度的模拟和测算。

▶ 第五章

授信同业占比确定的原则与方法

“适度”的标准确定后，对于同一家银行的工作人员，客户在某个时点的“授信理论值”应该是个客观值，具有唯一性，而不再以某分支机构或者某人的主观判断为转移。但是，由于信息量和专业水平参差不齐，不同分行、同一分行的不同层级的审批人员对同一客户会产生不同的“授信理论值”判断（即使不考虑道德风险因素）。笔者认为，一个规范的大型商业银行，如果“授信理论值”的测算出现上述问题，根本原因是在理念和制度上违反了 $A=B\times C$ 计算范式下先确定 B 再调整 C 的逻辑。“授信理论值”的测算值一定要有相对刚性，不能存在太多可以人为取舍的因素，授信额度的差异化或者专业判断一定要体现在授信同业占比这个环节。

从商业银行的管理者（如总行层面）的角度看，由于“授信理论值”是客观唯一的，放大其测算区间将造成信用风险的放大。如果完全放权，将“授信理论值”的判断交由各分支机构，风险控制难度会增大；但如果完全集权，无论风险大小均由总行集中处理，作业成本会上升，信息衰减会加重。因此，管理机构需要设定一个普遍可接受的一般标准，标准之内的由下一级机构决策，标准之上的报上一级机构审批①，

① 同时，管理层可根据全行信贷政策的变化对这一标准进行调整，拟扩大授权时降低该标准，拟减小授权时提高该标准，从而实现对全行信贷业务的整体调控（当然“授信同业占比”同样可以实现调控目的）。

因此就出现了“适度”的标准先总后分，由总行进行规范的惯例。同时，由于授信额度是通过“授信同业占比”对“授信理论值”的调整得到的，如果“授信理论值”确定的标准相对保守，“授信同业占比”的授权边界可以扩大；相反，如果“授信理论值”确定的标准相对宽松，“授信同业占比”的授权边界可以缩小。

根据第一章确定的授信框架和流程，本章研究授信同业占比的问题。秉承“好苹果吃一口”的风险管理理念，并推广到“其他苹果”。“授信同业占比”是商业银行信贷管理实践的经验总结，是部分商业银行行之有效的信用风险管理方法，并在一定程度上成为法人客户授信管理的核心要素。由于影响“授信同业占比”的因素较多，且大量核心因素无法完全实现定量化测算，与“授信理论值”相比，在“授信同业占比”的确定过程中专家判断的重要性更为突出。但是从大型商业银行管理的角度讲，无论“授信同业占比”确定过程中定量化的比例如何，其确定的原则应该尽可能地明确，逻辑应该尽可能地清晰，从而使得决策过程能尽可能地透明，经得起推敲，并易于推广和培训。

从笔者查阅的文献看，尚没有在公开发表的文章中发现专门研究商业银行同业占比问题的，而且实践中，有人认为专家判断就是“领导拍板”。笔者认为，信用风险管理的难点和魅力就在这里，如果模型可以解决所有问题，也许不良贷款在没有系统性风险和不可抗力的情况下应该消失了。但是对于授信核定这项工作来说，本书的意义在于说明领导“拍板”的基础，也就是为领导“拍板”提供参考，而不是告诉领导结论。关于信用风险的判断，其结论一定是基于信息、数据、经验的专家综合产生的。举例来说，对于测不准原理，比如 10 米的距离测出来是 9.99 米，这属于误差，是正常的；但如果得到 8.99 米的结果，那就是出现错误了，是不应该的。基础工作者的工作是通过分析各种可能的因素，通过各种模型和测算，通过集体决议，建议决策者在比如-5%~5%进行“拍板”。笔者认为这样的决策过程就是科学的决策，社会科学是离不开经验判断的。

经验判断大多体现为一种综合性判断，即不能依靠简单的计算来判断，当复杂计算的成本太高甚至不可能，抑或指标多得无法计量或者本身有些指标不能计量的时候，只能综合性判断。授信就属于这类情况。我们很难依靠一个或两个简单的指标确定授信额度，但我们又可以从宏观环境、行业特征和企业特征里获取能代表主要矛盾的、直观的指标，但是每个指标仍然是不可能完全精准的，每个指标的区间都需要专家判断。比如，钢铁价格在一轮经济周期中会下跌多少，这种下跌会持续多长时间；面对危机，企业是选择减少成品库存，还是增加原材料储备；等等。这些都会对企业的偿债能力形成截然不同的影响。笔者在本章力求将影响同业占比的主要因素进行筛选并逐一分析，以期抛砖引玉，提供一些研究思路。

一、融资同业占比与授信同业占比

同业占比一般用来描述以下三种业务状态和关系：一是银行某项业务、某区域业务或整体业务的市场份额，即产品、区域市场占用率等；二是银行对某客户的融资占比，即融资同业占比；三是授信同业占比，即核定授信额度时，出于对客户未来偿债能力变化的担忧及组合管理要求等原因，在授信理论值的基础上设定的某银行愿意承担的比例上限，是反映风险识别与风险偏好的较为综合性的指标。因此，融资同业占比是存量概念，是既成事实；而授信同业占比是对未来授信策略的整体控制。因此，融资同业占比与授信同业占比一般是不相等的，商业银行应通过对授信同业占比的动态管理实现融资同业占比的合理化。

二、确定授信同业占比需考虑的因素

以本书之前论述过的授信理论值作为定量、授信同业占比作为变量的逻辑为起点，虽然影响授信理论值和授信同业占比的因素是交叉的，但出于“定量”和“变量”的测算要求，我们只能假定授信理论值是在一个相对较短的时期内（实践中授信有效期一般设定为1年），主要依据客户自身的财务情况估计客户的偿债能力。而授信同业占比则是在授信理论值的基础上，考虑行业发展趋势、客户在中长期存在的不确定性因素（不可预知风险）、全行整体资产组合要求、客户排序和退出便利等问题，对银行最终愿意和能够接受的融资上限的测算。笔者研究认为，授信同业占比确定的原则或者说决定授信同业占比的因素可归结为以下八类：

（一）政策规定

1. 监管规定

监管规定包括银团贷款规定、对同一借款人最高授信额度的限制、对集团关联度的要求等。

2. 银行内部规定

银行内部规定包括该银行的行业或产业政策对客户准入的限制等。

（二）违约风险

1. 短期偿债能力的不确定性

在授信理论值的测算中，对各测算参数的估计没有考虑概率问题（如销售收入增长20%的概率是多少），因此仍然存在较多的不确定性因素，需要用同业占比控制风险。

2. 中长期偿债能力的不确定性

由于客户内外部环境的变化，其中长期偿债能力实际上是难以有效预测的，即“看不清”，所以就需要留有余地。

（三）资产组合要求

按银行的组合管理要求，信用风险限额一般包括行业限额，并对部分行业设定年末余额控制指标。在行业限额的基础上，落实到客户组合层面，比较有效的方法是增加客户数量，尽可能地降低户均贷款额，并将限额配置在行业地位较高的客户上，因此需要对客户最高融资额进行控制。

（四）退出便利

1. 正常退出便利

即使对客户偿债能力的预测是较为准确的，银行也仍可能出于各种原因退出融资（如规避宏观经济周期和行业周期、组合调整、头寸调整、环保要求、突发事件等），如某银行对一个客户的融资占比过高，可能难以及时有效退出，因此要进行同业占比的控制。

2. 违约退出便利

在客户已出现违约的情况下，如果某银行融资占比较大，退出可能导致客户经营彻底失败，从而难以顺利退出；如果客户处于清算清偿阶段，融资占比过高会影响该银行的谈判地位，甚至会导致受偿率的下降。

（五）产品差异

1. 特殊产品支持

不同融资产品的风险大小不同，如为体现对某类融资产品（比如信用证）的偏好，银行可通过实施分产品类别的授信同业占比，进行产品和融资控制。

2. 中长期贷款限额

期限结构对商业银行信用风险和市场风险均有较大影响，银行可通过授信同业占比对期限组合进行事前控制。

以上两个方面的本质是违约概率反映了客户违约的可能性，但不反映债项违约的损失率，因此不同的债项品种应有不同的授信额度测算方法。

（六）社会综合贡献

某些客户虽然整体偿债能力表现一般，但由于对当地的社会综合贡献度较高（如 GDP 和就业），所以地方政府保护和政策倾斜力度就会较大，相应地对银行债权的保障程度也会增加，可适当考虑提高同业占比，如地方政府融资平台。

（七）特定客户

1. 大型优质客户

由于单一银行难以对大型优质客户进行业务垄断，所以对该类客户苛求授信同业占比意义不大，通常可设定一个较为宽松的控制比例。

2. 还款来源有保证的客户

还款来源有保证的客户包括金融机构提供担保的客户、搭桥贷款、已批复的上市融资计划等。

3. 特殊区域政策

特殊区域政策，如对政策有特殊规定的区域和客户实行差别政策，对金融资源相对贫瘠的地区采取差别政策。

（八）特殊资源禀赋

1. 产业链地位

例如，对钢铁行业来说，在同样的财务表现下，资源自给率高的客户同业占比可相对提高。

2. 核心竞争能力

核心竞争能力包括客户的技术进步、其他体现发展前景的因素等。

当然，即便在授信有效期内，授信同业占比也不是一成不变的，要根据变化了的情况进行调整。这些调整可以事先体现在授信方案中进行自动调整，也可以待调整因素触发后进行主动调整。

三、授信同业占比量化的思路

授信同业占比通过定量分析和定性分析最终确定，定量分析为定性判断提供基础信息。从上一部分对授信同业占比影响因素的决定顺序和分析来看，政策规定和违约风险在先，其他因素为调整因素。授信同业占比的决定因素、建议的量化思路和可能的量化指标可从多个角度进行考虑，见表5-1。

表5-1　授信同业占比的决定因素、建议的量化思路和可能的量化指标

序号	决定因素	量化思路	量化指标（商业银行可根据自身情况进行调整和完善）
1	政策规定	按监管要求和银行内信贷政策确定授信同业占比的上限或范围	①监管要求；②行内政策
2	违约风险	按不同的违约风险计量方法对客户进行排序，并进行交叉验证，确定授信同业占比的相对顺序	转换为客户的排序问题，排序方法主要有：①违约概率法；②信用等级法；③打分卡法；④定性指标排序法；⑤可偿债货币资金排序法；⑥简化财务指标排序法
3	资产组合要求	行业限额由信贷管理部门制定；客户组合手段尚不成熟，比较统一的思路是扩大客户数量，降低客户集中度	①行业融资总量指标；②行业户均贷款额；③项目和业务储备；④行业一定时期全部授信额度与行业限额的比
4	退出便利	作为授信同业占比核定的调减因素，以系数体现	①融资同业占比；②融资占客户总负债的比例；③融资占客户银行融资的比例；④融资占客户总资产的比例

续表

序号	决定因素	量化思路	量化指标（商业银行可根据自身情况进行调整和完善）
5	产品差异	适当支持风险相对较小、综合贡献相对较高的产品，以系数体现	比如供应链融资按不高于1.5倍扩大占比
6	社会综合贡献	适当支持对当地经济和社会发展较为重要、政府较为支持的客户	①员工数量；②产值占当地GDP比重
7	特定客户	按总体信贷政策和国家相关要求，进行特例调整和处理；适当放宽对优质客户的限制	①行业龙头客户；②享受地区扶持政策客户；③其他还款来源有保证的客户
8	特殊资源禀赋	主要考虑产业链地位和核心竞争能力等	以钢铁行业为例：①资源自给率；②先进的管理模式；③新技术的应用等

以上8项决定因素与量化思路可以作为建立“授信同业占比”估算模型的参考。其中，第2项违约风险涉及的客户排序问题最为复杂，笔者提供了6种方法与大家分享。

四、客户排序的方法

（一）违约概率法

关于用违约概率进行排序并确定授信同业占比，有一个比较直观的逻辑，即如果客户100%不会违约，那么同业占比可取100%；如果客户100%会违约，那么同业占比可取0。这个逻辑是基本合理的[①]，但有两个前提：一是假设违约概率的测算是客观准确的；二是由于违约概率是对客户一年内是否违约的预测，因此需要假设一年内违约概率相对较小的客户未来信用风险亦相对较小。考虑到违约概率的测算是内部评级法的核心要素，且从中期信用等级的迁徙数据来看，违约概率较

① 违约概率和授信同业占比不是均匀线性关系，比如当违约概率达到5%时，可能应该零授信。

小的客户向下迁徙的可能性和比例均不大，因此这两个假设前提是可以接受的。违约概率的计量模型有两类：一是线性模型，二是结构模型。结构模型中比较成熟的是KMV模型，由于我国资本市场不发达，KMV模型在我国的应用基本是不成功的，因此独立计量违约概率较为困难。线性模型为目前实际应用较多的模型，且数据来源于公开数据或者各银行的积累，结果较为可信，可直接用来进行排序。

违约概率法的不足之处有以下四个：一是违约概率的计量可能存在模型风险；二是违约概率的计量以行业大类为基础，可能不能完全体现子行业的特点；三是违约概率为衡量信用风险的综合性指标，某些情况下与偿债能力不能建立对应关系；四是违约概率区分度不够明显，且需要主观设定分级区间。

（二）信用等级法

在信用等级评定主标尺制度下，信用等级与违约概率间建立了对应关系。与违约概率法相比，信用等级法的优点是对违约概率进行了定性调整和交叉验证，并且有较为系统和成熟的分级方法；缺点是各家银行由于等级评定权限下放，主观调整因素较多。另外，信用等级数据可以直接获得，并且是与其他机构沟通的比较通行的风险管理语言，但其同样具有上述违约概率法存在的前三项不足。

（三）打分卡法

打分卡法，即根据行业特点选择一系列反映客户偿债能力的指标，对各指标赋予一定的权重进行计分，按分值高低确定授信同业占比。但由于打分时财务指标的选择主观性较强，且在因变量缺失的情况下，各财务指标权重的设定是随意的，因此该方法的应用存在较多问题。

（四）定性指标排序法

对于一些较为特殊的行业，可定量化的财务指标往往不能反映客户的偿债能力（甚至无法计量违约概率），定性指标是评价企业履约能力的主要指标，因此排序应以定性指标为主。同时，对于以定量指标为主进行排序的行业，部分作用比较突出的定性指标将深刻影响客户的偿债能力，如公司的资源禀赋、人财物技术等指标，因此应充分体现此类指标对最终排序结果的影响。

（五）可偿债货币资金排序法

如果假设当期现金流动负债比高的客户未来偿债能力亦相对较好，则亦可按此指标确定客户的授信同业占比。

（六）简化财务指标排序法

在以财务指标为主要决策依据的方法中，由于“方法（三）”和“方法（五）”计算相对复杂，如果可以进一步精简指标、简化计算，则可能取得更好的效果。因此，可尝试利用因子分析法进行降维处理，用最少的和最简单的财务指标反映客户的偿债能力，然后再辅以其他定量指标和定性因素进行调整。

以上方法各有利弊，本书难以逐一进行实证检验，各银行可以选择其中的方法进行交叉验证。对于本书第三章提到的预期增量负债对应的授信同业占比问题，建议核定预留额度时比照存量负债的授信同业占比处理，实际发生融资业务时按总体授信和融资情况对授信结构和总量进行调整。

五、本章小结

“授信同业占比”是商业银行信贷管理实践的经验总结，是部分商业银行行之有效的信用风险管理方法，并在一定程度上成为法人客户授信管理的核心要素。由于影响“授信同业占比”的因素较多，且大量核心因素无法完全实现定量化测算，所以与“授信理论值”相比，在“授信同业占比”的确定中，专家判断的重要性更为突出。但是，风险管理的方向是不断提高定量评价的比重，因此本章在提示授信同业占比与融资同业占比区别的基础上，探讨了8个影响授信同业占比的因素，并对如何将影响因素定量化进行了研究，尤其是对客户的信用风险排序提出了6种建议思路。

▶ 第六章

授信分项核定——一个简化的企业成长模型

本书前五章对客户的授信理论值、授信同业占比、授信实际值进行了研究，本章开始对授信结构进行研究。所谓授信结构，即最高授信额度下不同融资品种对应的授信分项。笔者考察国内主要商业银行的授信管理制度后发现，无论是五大国有商业银行之间、全国性股份制银行之间，还是城商行或者农联社之间，授信管理方式千差万别，很难以某一家银行的做法为标准对授信分项进行分类研究。鉴于此，笔者从简化研究的角度，并基于客户的一般性需求，将授信分项简单归于两个大类，即营运资金授信额度和项目融资授信额度。其中，营运资金授信额度主要对应流动资金贷款、贸易融资、非融资类保函、银行承兑汇票等日常周转需要的融资品种；项目融资授信额度主要对应项目贷款、项目前期贷款、技改贷款等项目类融资品种。商业银行业务实践中，很多融资品种在以上两个授信品种之间是有交叉的，且风险特征也不尽相同，本书均做简化处理。比如债券和理财投资，其资金用途既可以用于日常营运，也可以用于项目建设，归还存量债务所需融资等。衍生交易需要的授信额度则更加难以直接区分为营运或者项目类授信。

本章的题目是“授信分项核定——一个简化的企业成长模型”，为什么要用一个简化的企业成长模型去解决这个问题呢？实践中，我们常常遇到以下几个问题：一是银行核定的授信分项不符合企业的需求。比如客户需要中长期资金，银行的授信品种只能提供一年期流动资金贷款；客户需要流动资金，银行只能提供贸易融资等。二是银行向企业提供资金后，即使很好的客户也可能会“绕”受托支付，不完全按照监管要求进行资金管理。三是商业银行核定的授信分项对应的融资品种，常常与客户实际融资结构差异巨大。四是管理水平相对类似的五大商业银行给客户的授信分项常常差异巨大。五是经过集团客户的财务公司、资金池归集后的资金已很难穿透底层用途，也就是常说的“打酱油的钱真的没有用来买醋吗”？企业的资金用途真的可以像银行期望的那样“条块分割”吗？理性的企业真的会“短借短用”而不会“短借长用”吗？等等。笔者认为，一个成立时间较长的、财务情况较为复杂的企业，一个有多家子公司、多个子行业的集团客户，其授信分项与融资产品的对应在监管实践和商业银行实践中存在较多问题，但又很难梳理清楚或者没有必要完全梳理清楚。比较好的办法是，假设一个简化的企业成长模型，从一个企业设立起，按照最简单的生产经营模式、负债融资模式进行演化，考察一段时间后企业融资实际与银行测算理念间的关系，从而为合理核定授信分项提供一个更为客观的思路。下面以 ABC 钢铁公司为例，对钢铁行业客户负债结构与授信结构（授信分项）的关系问题进行研究。

一、ABC 钢铁公司的负债结构

根据 ABC 钢铁公司公开披露的 20××年度财务报表，其主要负债科目[①]见表 6-1：

① 由于数据可得性的原因，本书一般不考虑表外负债因素。

表 6-1 ABC 钢铁公司 20××年主要负债科目

单位：万元

项目	金额	占总负债比例	流动负债结构	非流动负债结构
短期借款	284 585	13.79%	16.03%	—
交易性金融负债	0	0.00%	0.00%	—
应付票据	423 808	20.54%	23.87%	—
应付账款	640 150	31.03%	36.05%	—
预收账款	241 837	11.72%	13.62%	—
应付薪酬	24 513	1.19%	1.38%	—
应交税费	-9 900	-0.48%	-0.56%	—
应付利息	0	0.00%	0.00%	—
应付股利	0	0.00%	0.00%	—
其他应付款	74 737	3.62%	4.21%	—
一年内到期非流动负债	96 004	4.65%	5.41%	—
其他流动负债	0	0.00%	0.00%	—
流动负债合计	1 775 734	86.06%	100.00%	—
长期借款	286 904	13.91%	—	99.77%
应付债券	0	0.00%	—	0.00%
长期应付款	0	0.00%	—	0.00%
专项应付款	567	0.03%	—	0.20%
预计负债	0	0.00%	—	0.00%
递延所得税负债	0	0.00%	—	0.00%
其他非流动负债	105	0.01%	—	0.04%
非流动负债合计	287 576	13.94%	—	100.00%
负债合计	2 063 310	100.00%	—	

ABC 钢铁公司 20××年负债相关财务比率见表 6-2。

表 6-2 ABC 钢铁公司 20××年偿债能力相关财务比率

年份		2006	2007	2008	2009
短期偿债能力	流动比率（%）	109.10	115.60	89.63	82.38
	速动比率（%）	66.44	71.42	36.74	37.07
	经营现金净流量/负债	0.19	0.22	0.25	0.17

续表

年份		2006	2007	2008	2009
长期偿债能力	资产负债率（%）	40. 41	42. 97	51. 63	59. 44
	全部资本化比率（%）	21. 93	25. 74	31. 27	43. 59
	利息保障倍数	11. 71	3. 50	2. 28	3. 15
	负债总额/EBITDA	2. 30	1. 66	2. 91	11. 35

由以上数据可见，流动负债为公司主要负债构成形式，占比约为86%；流动负债中表内银行融资（短期借款+应付票据）占比 39. 90%、应付账款（应付账款+其他应付款）占比 40. 26%、预收账款占比 13. 62%、一年内到期非流动负债占比 5. 41%。

二、ABC 钢铁公司授信测算及实际融资情况比较

结合本书第一章提到的笔者对三家商业银行授信测算公式的调研结果，考虑特殊因素调整，ABC 钢铁公司在三家银行的最高授信额度测算均值约 145 亿元，其中营运资金授信额度约 30 亿元，项目授信额度约 115 亿元。ABC 钢铁公司负债结构与授信测算值比较见表 6-3。

表 6-3　ABC 钢铁公司负债结构与授信测算值比较

单位：亿元

负债总额	长期负债	短期负债	银行表内融资		
			总额	短期（借款）	长期
206	29	177	100	71（28）	29
			最高授信额度	营运资金授信额度	项目授信额度
			145	30	115

由于测算结果为三家商业银行授信测算的均值，且没有考虑同业占比因素，因此可以认为上述测算结果近似于商业银行对该客户授信的理

论值。由表 6-3 可见，ABC 钢铁公司授信理论值远大于公司实际融资余额；营运资金授信参考值远小于公司实际短期借款额；项目授信测算参考值远大于公司长期融资余额；如果考虑到长期贷款中存在部分中长期营运资金借款，则营运资金授信参考值应该较公司实际营运资金贷款更少，项目授信参考值较公司实际融资更大。由于一般情况下，中长期类融资用于项目，而短期融资用于营运，因此目前的授信测算方法是需要修正的。但如何修正呢？

三、银行融资去向分解——一个简化企业成长模型

已处于成熟运营期的企业由于资产负债结构存在复杂性，银行融资总量及结构形成的原因常常难以追溯。因此，若要还原一个企业的成长过程，只有从企业最初的投融资过程入手进行考察，才可能探查融资来龙去脉的“真相”。为此，这里假设一个简化的企业成长模型（在确保假设合理性和有代表性的前提下，部分环节不考虑折旧、利润、零星货币等因素），通过对企业从组建至进入正常运营期一系列负债行为的分析，更加深入地认识银行融资与企业经营的匹配性问题，从而为合理把握企业的真实融资需求和融资结构，合理确定分项授信额度奠定基础。

（一）简化企业成长模型设定

表 6-4 为简化企业成长模型下，从企业组建、项目建设、企业投产到正常运营各阶段的简化资产负债表。假设企业初始资本金为 9 亿元，借入银行融资 11 亿元；融资期限 2 年，其中建设期（宽限期）1 年，两年后到期一次还本付息。

表 6-4 简化企业成长模型下简化资产负债表（状态Ⅰ~状态Ⅴ）

单位：亿元

状态Ⅰ：企业组建	
资产总额（现金）：20	负债总额（银行融资）：11
	所有者权益：9
状态Ⅱ：1 年建设期结束（假设期间费用等现金支出 2）	
固定资产：18	负债总额（银行融资）：11
	所有者权益：7
状态Ⅲ：建设期结束后获得流动资金贷款 2（并且未归还建设期贷款本金）	
固定资产：18	负债总额（银行融资）：11+2
现金：2	所有者权益：7
状态Ⅳ：用流动资金贷款购买原材料，形成存货	
固定资产：18	负债总额（银行融资）：11+2
现金：0.2	
存货：1.8	所有者权益：7
状态Ⅴ：企业正式运营 1 年末（假设生产周期为半年，营业成本 1 年周转两次，达产消耗的原材料为 1.5，假设无利润、无折旧等，因此无法归还建设期贷款）	
固定资产：18	负债总额（银行融资）：11+2
现金：0.2+1.5	
存货：0.3	所有者权益：7

（二）简化企业模型得到的启示

1. 沉淀建设期贷款

关于 11 亿元建设期贷款。按照本例的假设，建设期贷款到期后，由于企业没有实现预期盈利，无法归还到期借款，所以只能通过增加新的银行融资来置换原贷款，本部分贷款余额不变。由于置换融资不再严格对应项目建设，一般是一年期周转借款或者期限相对较短的中期贷款，且中期贷款大多最终也将转换为短期贷款（ABC 钢铁公司就是例子，出于企业和银行两方面的原因，钢铁企业的中长期贷款较少，属于持续的短期融资周转状态）。因此，出于各种原因，如经营不善、主动以短搏长等，对进入成熟运营期的企业来说，有相当一部分短期银行融资并不是一般意义上的与企业采购和生产周期匹配的营运性资金，而是原建设期贷款或者其他各类融资的延续。对于经营时间较长的企业来说，由于资产、资金交换频繁，投资融资过程多种多样，经常无法区分存量融资的真正生产、贸易和金融背景，只能按企业的总体负债水平评价其对债务的保障能力，这也是偿债法授信合理性的现实根源，现实中一个很好的例证就是大量新增融资的用途是归还存量债务。当然，为简化起见，本模型的建设期贷款为 2 年期，读者如有兴趣，可将期限拉长并作合理假设，会得到与本书相似的结论。

2. 铺底存货占款

关于存货 0.3 亿元部分。对于连续型生产企业，出于原材料储备和生产特点要求，会存在一部分超过公司产能需求的存货长期占用一部分资金，并且不参与周转，因为基本没有企业能做成原材料、半成品和产成品三项时点和为零。因此，按企业周转指标计算企业营运资金需求时，该部分被长期占用的资金需从平均存货水平中剔除。

3. 周转存货占款

通常情况下，存货周转率是测算企业营运资金需求的重要指标，但上述简化企业成长模型反映，该指标存在一定缺陷。存货周转率（次）=营业成本/平均存货，如果企业状态V复制到正常经营第二年，那么正常经营第二年的存货周转率（次）=（1.5×2）÷0.3=10（次）。根据简化企业模型假设，企业生产周期为半年（在理想状态下购入原材料半年后生产出成品并实现销售），一年周转两次，每次生产原材料实际占用资金 1.5 亿元，也即企业贷款中被占用的部分。假设年度公司存货周转率不变、营业成本不变，按通常“营业成本/存货周转率”① 的方法估计营运资金量，得到营运资金量的总额仅为（1.5×2）÷10=0.3（万元），显然不能满足企业的真实需求。其实，从资金占用角度来看，任何一个时点的存货水平即为存货对营运资金的占用额，也就是自有资金和银行融资被存货占用的金额，存货周转率仅是企业平均存货水平的一个衡量。因此，如果某一时期，企业具有季节性的采购或者对产成品的囤货需求，均会造成对存货占用资金需求的增加，并成为影响授信测算的重要事项。

4. 预防性现金占款

关于现金0.2亿元部分。企业现金留存主要有四种原因：一是预防性的现金，即应付各类现金支出必备的一定规模的资金；二是筹资形成的暂未利用的临时性资金；三是盈利等各类现金回流和留存；四是各类保证金等受限资金。本例作为一个简化的企业成长模型，0.2亿元现金部分为预防性现金。同时，由于该部分现金来源于银行贷款，因此形成对银行借款的长期占用。

5. 闲置融资占用

由于各种原因，企业融资没有得到及时运用，会出现融资的临时性或者长期闲置。当该部分资金数额较大时，应进行适当估计。

6. 非常规资金运用

在企业投融资实践中，由于短期资金利率一般低于中长期资金利率，再融资能力较强的企业常常选择短借长用的方式节约融资成本，用不断滚动的短期资金去投资长期项目。同时，再融资能力一般的企

---

① 简化模型暂不考虑应收账款、应付账款等商业信用。并且当企业年初和年末存货余额差距较大时，平均存货的衡量意义会大打折扣。但限于篇幅，本书对于存货周转率指标相关的缺陷不再赘述。

业，则更倾向于选择将中长期资金用于一般营运，但该类中长期资金获得的难度可能相对较大。当然，这只是非常规资金运用的一种情况。

综上，一般商业银行只考虑了存货周转需求，没有考虑其他客观存在的营运资金融资需求。以企业状态V为例，银行融资的配置如下：一是原建设期融资沉淀；二是不参与周转的存货占用的铺底资金；三是日常用于周转的存货占款；四是预防性现金中银行融资部分。以上各类情况均是企业营运资金需求对应的银行授信测算需要考虑的重要因素。

四、分项授信额度测算方法

（一）授信额度测算的顺序

1. 先总量还是先结构

从产品与风险的关系角度来看，信贷业务可分为以下两类：一是客户整体偿债能力较好，在控制融资总量的前提下不苛求融资产品的具体类型；二是客户整体财务风险较大，但可以开展风险相对较小的业务，重点选择产品类型。对单一法人客户来说，不考虑外部担保和内部债务的清偿顺序，法人客户是以其全部资产对外承担全部债务的，营运资金和项目类融资的还款来源均为企业的综合还款来源。因此，笔者认为，授信额度的测算应先从企业所有融资的角度把握企业的整体还款能力（先总量），确定授信理论值，然后根据融资与生产各环节的匹配关系和风险大小，确定授信分项（后结构）。

2. 先营运资金授信还是先项目授信

由于企业常常并不根据资金来源和支付单设账户管理，一旦资金进入企业，自有资金、银行借款、销售回笼资金及其他资金来源的配置就难以区分。从这个角度讲，由于单一法人客户的营运资金授信和项目授信的还款来源均是其综合收益，对单一法人客户核定授信不存在授信品种的确定问题，只存在不同融资产品的营销是否成功的问题，即客户愿意在该银行办理流动资金贷款、项目贷款还是其他业务的问题。但是，由于融资的申请是需要表明用途的，且部分融资可以实现全封闭管理（受托支付的范围在逐步加大），不同的融资类型信用风险大小可能不一样，因此有必要对客户的资金使用情况进行归类处理，在假设客户自有资金的去向的前提下，对不同环节银行融资的需求量进行测算，从而确定客户不同环节的融资需求，为不同分项授信额度的确定奠定基础。同时，由于项目授信的额度是评估报告或者类似文件事先确定的，所以融资需求量的测算主要集中在对营运资金的测算上。资金用途明确以后，根据对不同融资产品的风险偏好、营销结果，选择合适的同业占比，在总量控制的前提下，核定最终分项授信额度。

（二）项目授信测算方法

该分项授信的测算相对简单，即对存量项目融资，授信额度可按项目贷款余额核定，除非项目融资出现风险劣变。对于新项目，按项目评估和审批情况核定；对于没有具体项目对应、需要提前为项目融资预留授信额度的情况，可根据本书有关“预留授信额度”的测算思路进行。

（三）营运资金授信测算方法校正

根据本章对于简化企业成长模型的研究及其结论，对照目前监管和主流商业银行营运资金测算方法，尝试对营运资金授信的测算思路校正如下：

1. 铺底存货占款

$$铺底存货占款=(\sum 月存货中原材料余额)\div 12 \quad (6-1)$$

基本测算思路是：存货中半成品和产成品部分为进入周转的存货，原材料部分为闲置存货。为平滑原材料的波动，以一年 12 个月原材料余额的平均额作为铺底存货占款。

2. 周转存货占款

$$周转存货占款=预计营业成本\div 预计存货周转率 \quad (6-2)$$

其中，预计存货周转率一般以上年度剔除铺底存货占款后的周转率估计。公式中各项指标的计算方法为：

预计存货周转率＝上年度营业成本÷(存货月平均余额－铺底存货占款)

预计营业成本＝上年度销售收入×(1－预计本年度销售利润率)×(1+预计销售收入年增长率)

如客户生产周期、技术条件等发生改变导致下一年度存货周转率发生改变的，应合理估计存货周转率的变化，使用预计存货周转率。

$$周转存货占款=预计月最大存货余额-铺底存货占款 \quad (6-3)$$

式（6-2）的本质是对平均存货占用成本资金的计算，式（6-3）则考虑了客户的季度性需求或者其他原因导致的存货资金占用的增加。

3. 其他融资占用

由于借新还旧是客户的经常性融资行为，且各种来源的资金具有不可分性，来源于银行融资的“沉淀建设期贷款、预防性现金占用、闲置融资占用、非常规资金运用”与客户自有资金难以有效区分，本书将这四类资金占用称为“其他融资占用”。

$$其他融资占用=表内融资总额-项目贷款融资额-铺底存货占款-周转存货占款 \quad (6-4)$$

4. “商业信用”因素调整

应收账款、应付账款及预收账款、预付账款[①]（以下简称“商业信用”）的变化将影响客户的可用资金，从而造成对银行融资需求的变化。但是，与存货相比，商业信用的余额波动较大，将商业信用周转天数与存货周转天数简单加总后估计客户整体营运资金周转次数可能会误判客户的真实融资需求。因此，建议以上年度客户存量融资和存量商业信用为基础，通过客户本年度商业信用的变化，来考虑银行授信的变化。以 ABC 钢铁公司 20××年末财务数据为例，应付账款(64)+预收账款(24)-应收账款(7)-预收账款(11)= 70（亿元），即 ABC 钢铁公司 20××年末自上下游获得的商业信用余额为 70 亿元。假设钢铁行业形势出现下滑，企业应付账款和预收账款会减少，从而导致对银行融资需求的增加，因此应在负债总量控制的基础上，根据对客户商业信用的预期决定授信额度的变化。

（四）普通流动资金贷款确定方法

1. 监管规定

20××年同时期的银监会《流动资金贷款管理暂行办法》（2010 年第 1 号）规定了流动资金贷款的测算参考公式：

新增流动资金贷款额度=营运资金量-借款人自有资金-现有流动资金贷款-其他渠道提供的营运资金　（6-5）

其中：

营运资金量=上年度销售收入×(1-上年度销售利润率)×(1+预计销售收入年增长率)÷营运资金周转次数　（6-6）

① 暂不考虑其他应收应付项目。

营运资金周转次数＝360÷(存货周转天数+应收账款周转天数-应付账款周转天数+预付账款周转天数-预收账款周转天数)　(6-7)

以上办法的初衷是减少对企业普通流动资金贷款的发放，各大银行一般也有限制普通流动资金贷款的相关规定，希望通过贸易融资或者表外业务等替代普通流动资金贷款，从而降低融资风险，提高融资收益。但上述公式存在以下需要注意的地方：

（1）如前文所述，“营运资金量”的测算方法有需要修正的地方；

（2）公式中“现有流动资金贷款”涵盖的范围不明确；

（3）“其他渠道提供的营运资金”中的“营运资金”概念存在循环解释，此项数据难以落实；

（4）如前文所述，由于商业信用的余额波动较大，通过商业信用周转天数与存货周转天数简单加总的方法估计客户整体营运资金周转次数可能会误判客户的真实融资需求。

2. 测算思路校正

营运资金授信对应的银行融资确定以后，普通流动资金贷款需求的测算在于对可办理的贸易融资[①]额度的测算，即有：

流动资金贷款需求＝营运资金授信对应的银行融资-可办理的贸易融资额　(6-8)

客户可办理的贸易融资额取决于两个因素：一是客户具备对外采购、应收账款等办理贸易融资业务的条件；二是客户自身及上下游对贸易融资的接受程度。

以ABC钢铁公司为例，从其所处的行业来看，贸易融资业务主要

① 此处的“贸易融资”泛指营运资金融资中除普通流动资金贷款以外的所有品种。

包括银行表外业务（如进口信用证、进口代付、国内信用证、银行承兑汇票）和银行表内业务（如进口 T/T 融资、进口押汇、回购型国内保理、卖方融资、商品融资等）。其中，银行表内业务部分和进口代付业务反映在客户短期借款科目，银行承兑汇票业务反映在客户的应付账款科目，因此信用证（国内证与国际证相似）是客户资金周转中贸易融资对流动资金贷款替代的分析重点。

另外，本章关于商业信用调整的分析中，没有对“信用证”这个特殊产品进行说明。按一般银行的授信惯例，在得到客户的营运资金需求并核定授信额度后，信用证作为贸易融资可实现对流动资金贷款的替代。例如，某企业营运资金授信额度 3 亿元，如果核定该公司开证额度 1 亿元，则流动资金贷款应在 2 亿元以内。然而，无论是从银行资金支付的角度，还是从企业账务处理的角度看，这种处理方式均是值得商榷的。由于一般情况下营运资金是按存货及其周转率确定的，但信用证体现结算功能时，多数企业完全作为表外业务处理（此处不考虑保证金等特殊因素），不进入企业资产负债表，同时也不体现为企业存货的增加，所以以存货及其周转为基础测算的营运资金是不包括信用证部分的。当信用证到单付款或者办理信用证项下融资业务时，企业借记存货增加，贷记借款类科目，信用证对应的原材料采购正式进入企业周转。因此，信用证作为集结算方式和融资功能于一体的金融产品，银行因承担担保责任而存在信用风险，需要核定授信额度。但由于其对应事项并未真正进入企业周转，从目前授信测算的惯例来看，不能等同于银行承兑汇票等产品作为对流动资金贷款的简单替代，或者说其并没有被包含在传统意义上的营运资金授信测算中。由此，除了上述提到的 4 项营运资金授信构成外，还应增加第 5

项，即信用证类产品[①]授信额度，这个结论对于商业银行的授信实践是非常重要的。

五、本章小结

本章通过对简化企业成长模型的构建与分析，对企业融资的去向进行了跟踪和分解，指出了授信测算值与客户融资现状差异巨大的原因，这是本章研究的起因，也是研究结论的现实表现。在营运资金授信和项目授信两分法的假设下，详细研究了分项授信，尤其是营运资金授信的测算和校正方法，创造性地提出了沉淀建设期贷款、铺底存货占款、周转存货占款、预防性现金占款、闲置融资占用、非常规资金运用 6 项融资占用为营运资金授信需求最为客观和真实的原因。

---

① 笔者称之为“信用证类产品”，主要是考虑各个银行的产品体系不同，且其他产品可能也具备笔者提到的类似性质，从而需要在授信测算中一并考虑。

▶ 第七章

营运资金需求简易估算方法研究

第六章对营运资金授信的测算进行了较为详细的研究，通过一个简化的企业成长模型对授信分项的核定逻辑进行了梳理。但是在商业银行授信管理实践中，前述方法即使考虑的因素相对全面，也存在较为复杂和数据可得性相对较差的问题，同时与监管规定的测算办法差异较大。本章从监管要求出发，以原银监会“三个办法一个指引”中关于营运资金的测算公式为基础，提供一些营运资金测算的简单、快速的估算方法。首先对原银监会营运资金测算公式进行推导，得到该公式的本质为“营运资金量=存货+商业信用”，然后以 JD 钢铁公司为例指出公式存在需要修改的要素，最终提出了 5 种营运资金授信估算方法。

一、原银监会的测算公式推导

（一）原公式

营运资金量=上年度销售收入×(1-上年度销售利润率)×(1+预计销售收入年增长率)/营运资金周转次数 （7-1）

其中：

营运资金周转次数=360÷(存货周转天数+应收账款周转天数-应付账款周转天数+预付账款周转天数-预收账款周转天数) （7-2）

新增流动资金贷款额度=营运资金量-借款人自有资金-

现有流动资金贷款-其他渠道
提供的营运资金　　（7-3）

笔者认为，除了前述章节对该公式的分析外，新增流动资金贷款额度测算中“借款人自有资金”和“其他渠道提供的营运资金”没有明确定义，有效执行的难度较大。

（二）公式推导

由于：

预计营业成本=上年度销售收入×(1-上年度销售利润率)×(1+预计销售收入年增长率)　　（7-4）

所以：

营运资金量=预计营业成本÷[360÷(存货周转天数+应收账款周转天数-应付账款周转天数+预付账款周转天数-预收账款周转天数)]
=(1+销售利润率)(1+预计销售增长率)[(平均存货-平均应付款+平均预收款)(1+销售利润率)+平均应收款-平均预收款]　　（7-5）

假设[①]：

（1）销售利润率=0；

（2）销售增长率=0。

则：

营运资金量=平均存货-平均应付款+平均预付款+平均应付款-平均预收款

① 此假设的目的是更好地看到公式的实质。如果销售利润率小于零，销售增长率大于零，资金占用会相应增加；反之同理。以目前钢铁行业的运营态势，这个假设亦较为符合 JD 钢铁公司现状。

=平均存货+平均商业信用

≌存货+商业信用[①] (7-6)

由以上推导可以看出，原银监会营运资金的测算方法本质上指存货对资金的占用。由于商业信用的存在，如不考虑其他资金来源和支出，企业用于营运的资金需求为存货和商业信用的差额。从会计实务和惯例来看，由于每月存货或者每日存货统计成本较高，一般用平均存货“(年初存货+年末存货)/2”粗略表示企业存货对资金的占用，同时商业信用相关科目也以年初和年末的平均水平代替。同时，原银监会公式中提到的“季节性调整因素”实质是指月存货余额（或者说是时点数、峰值）、商业信用余额对平均存货水平或者同期平均商业信用的偏离。需要指出的是，显然，“存货+商业信用”的日平均水平是最准确的资金需求测算来源，且是突发融资或者需求变动的本质原因。

因此，按原银监会规定，可以得到以下关于营运资金授信最大值的初步简化测算思路：

营运资金授信上限=平均存货+平均商业信用

如考虑季节性调整因素，则：

$$营运资金授信上限=\mathrm{Max}(存货_{月}+商业信用_{月}) \qquad (7-7)$$

二、以 JD 钢铁公司为例进行验证

下面依据笔者对 JD 钢铁公司的调研情况，从 JD 钢铁公司本部及其不同功能子公司的角度，对测算公式进行验证和分析。

（一）JD 钢铁公司本部

1. 企业融资现状

根据人民银行征信系统，截至 20××年 3 月，JD 钢铁公司本部未结

① 笔者认为，这是原银监会测算公式的本质，也是最直接的估算营运资金授信的方法。

清融资情况见表 7-1。

表 7-1　JD 钢铁公司本部未结清融资情况

单位：元

业务种类	币种	发生额（汇总）	当前余额
贷款	人民币	8 269 000 000.00	8 229 000 000.00
贷款	美元	345 272 500.00	324 872 500.00
保函	人民币	6 060 000.00	6 060 000.00
信用证	人民币	4 269 788 129.20	2 526 742 466.22
信用证	美元	579 504 471.63	33 777 639.65
贸易融资	人民币	653 810 306.52	653 810 306.52
承兑汇票	人民币	464 875.01	464 875.01

换算成人民币后，贷款及银票折合 104 亿元，贸易融资及其他折合 34 亿元。在所有融资中，短期融资占比约 70%。

2. 实际营运资金需求

根据第一部分对营运资金授信测算方法的分析，JD 钢铁公司 20××年前两年 1—12 月存货、商业信用及关联企业借款①情况见表 7-2。

根据表 7-2 中的数据可以发现：

（1）JD 钢铁公司（20××-1）年存货平均占用资金为 578 078 万元，季节性调整最大金额为 783 871 万元——出现在（20××-1）年 2 月，较年初年末平均值高 36%。

（2）考虑商业信用后，JD 钢铁公司（20××-1）年营运资金融资需求为-205 835 万元，即无须银行融资；季度调整后最大需求为 156 751 万元——出现在（20××-1）年 9 月。

① 笔者调研了解到，JD 钢铁公司将集团各成员企业间借款纳入其他应收应付款科目核算。

表 7－2　JD 钢铁公司本部相关财务数据

单位：万元

	月份	存货	应收账款	应付账款	应收票据	应付票据	其他应收账款	其他应付账款	预付账款	预收账款	考虑商业信用后资金占用	内部调剂资金来源（正值代表占用减少）
（20××－1）年	1	726 678	26 052	582 521	112 444	190 022	76 542	49 961	112 732	280 502	2 439	－26 581
	2	783 871	37 269	684 362	87 334	179 827	57 637	74 820	136 444	205 848	67 374	17 183
	3	712 854	44 010	561 997	102 341	193 159	43 653	55 922	104 896	223 288	76 475	12 269
	4	561 969	63 431	520 554	136 419	191 544	30 879	44 607	85 377	220 777	－30 554	13 728
	5	545 106	44 978	550 856	104 114	141 926	32 977	111 119	106 096	217 873	－72 549	78 142
	6	639 803	41 848	410 881	95 225	195 811	19 277	139 188	94 339	208 358	156 751	119 911
	7	588 792	42 466	618 533	71 410	49 869	29 255	44 745	46 730	264 572	－205 117	15 490
	8	552 746	37 903	642 739	33 309	44 919	25 346	59 951	42 275	207 031	－216 846	34 605
	9	639 803	41 848	410 881	95 225	195 811	19 277	139 188	94 339	208 358	156 751	119 911
	10	509 307	48 561	733 444	29 193	3 000	27 239	111 559	83 325	168 199	－260 450	84 320
	11	561 762	40 456	768 911	40 559	700	23 648	152 536	82 036	187 388	－272 045	128 888
	12	429 477	23 307	708 977	38 294	6 215	12 258	128 922	28 493	186 408	－414 108	116 664
	均值	604 347	41 011	599 555	78 822	116 067	33 166	92 710	84 757	214 884	－84 323	59 544
	年初年末均值	578 078	24 680	645 749	75 369	98 119	44 400	89 442	70 613	233 455	－205 835	45 042
	最大值	783 871									156 751	
	最小值	429 477									－414 108	

续表

	月份	存货	应收账款	应付账款	应收票据	应付票据	其他应收账款	其他应付账款	预付账款	预收账款	考虑商业信用后资金占用	内部调剂资金来源（正值代表占用减少）
（20××－2）年	1	485 679	65 006	156 881	67 336	272 813	31 927	80 852	114 407	189 169	319 042	48 925
	2	521 903	66 851	156 198	117 833	278 004	32 035	78 335	90 322	183 150	339 728	46 300
	3	560 488	70 768	162 612	83 828	235 310	28 687	82 557	92 948	193 885	367 707	53 870
	4	622 522	75 853	164 499	75 793	196 636	32 520	80 249	44 470	189 996	388 350	47 729
	5	714 876	54 874	192 625	64 743	143 579	42 094	128 255	62 875	185 011	454 989	86 161
	6	711 734	72 095	216 534	36 991	142 147	15 527	216 534	64 479	147 625	484 149	201 007
	7	702 867	55 581	217 104	126 843	114 786	41 518	146 254	63 138	189 720	414 762	104 736
	8	680 891	42 958	224 476	130 950	75 375	25 487	190 636	60 259	165 237	394 395	165 149
	9	565 441	62 987	188 079	148 243	279 536	33 595	188 079	72 166	204 788	307 727	154 484
	10	576 368	42 545	277 537	123 053	88 124	16 097	106 495	73 934	167 307	248 003	90 398
	11	582 633	42 656	376 614	158 698	126 050	77 418	94 947	80 643	185 906	143 412	17 529
	12	639 803	41 848	410 881	95 225	195 811	19 277	139 188	94 339	208 358	156 751	119 911
	均值	613 767	57 835	228 670	102 461	179 014	33 015	127 698	76 165	184 179	334 918	94 683
	年初年末均值	562 741	53 427	283 881	81 281	234 312	25 602	110 020	104 373	198 764	237 897	84 418
	最大值	714 876									484 149	
	最小值	485 679									143 412	

（3）（20××-2）年情况与（20××-1）年相似，平均占用与季度调整占用差距较大，且考虑集团内部借款后对银行融资需求进一步减少。

（4）由于行业形势多变，企业经营策略各异，钢铁企业季度性调整出现的时间和频率可能并无明显规律可循。

3. 小结与分析

（1）虽然JD钢铁公司融资总量较大，且以短期融资为主，但研究发现，企业商业信用基本可以满足原材料采购需求（这与钢铁行业当时部分产品先款后货的经营特征有一定关系），营运所需银行融资需求较少——（20××-1）年末营运资金富余20亿元，无须银行融资，银行核定该企业的营运资金授信额度为47.34亿元，完全可以满足公司营运需要，而且还是考虑了同业占比以后的授信额度。

（2）调研发现，JD钢铁公司几乎所有的短期借款用途均为“原材料采购”，远远超过实际采购需求，属于明显的融资“擦边球”行为（据了解这是部分银行办理业务的惯例，相对于其他融资品种，采购需求的短期流动资金贷款审批流程更加顺畅）。经与企业深入沟通，企业反映，由于国家立项困难、银行项目贷款审批周期较长，大量的项目建设以技改等名义操作，同时大量的技改项目贷款以短期借款形式体现，项目结束后则以采购原材料形式周转使用。因此，企业存量短期融资中，真正用于原材料采购的比例并不高。当然，随着监管强度的加大，此类情况目前应该较少了。

（3）调研了解到，按JD钢铁公司当时的会计核算方式，在未结清信用证中，收单前按表外核算，收单后按应付款核算。由于JD钢铁公司原材料以海外采购为主，必须以信用证结算，基本不存在国内结算直接应付款挂账的行为，而信用证全流程均须占用授信，因此未结清的信用证部分无法用商业信用方式调整融资需求，无论商业信用调整结果如何（如 JD 钢铁公司调整后无须银行融资），所有未结清信用证均须被纳入授信测算范围。这个问题在第六章亦已提及。

（4）营运资金授信测算的本质是商业信用对存货占用调整后的差额，仅体现表内事项。因此，在未结清信用证中纳入表外核算部分及保函等始终在表外核算的融资产品，未包括在营运资金授信测算值范围内，需要额外加计。从调研情况看，JD 钢铁公司 27.46 亿元未结清信用证全部以应付账款形式体现（均进入表内），原因是（20××-1）年 8 月后公司将自身进出口经营权转至 JD 国贸，自身不再对外开立进口信用证，也未有国内信用证开立。但 JD 国贸存量信用证折合人民币 39 亿元，其中 9 亿元未记入应付账款，30 亿元已确认付款（资产科目相应记入存货）。因此，以 JD 钢铁公司为例，按目前的营运资金授信测算方法，信用证“9 亿元”部分并未进入测算范围，而信用证“27.46 亿元”和“30 亿元”部分虽然以商业信用方式体现，但由于信用证全程占用授信，所以不能作为对存货占用的调减，测算中应在“应付账款”余额中将该部分剔除。

（5）2011 年末公司应付账款余额 71 亿元，远超过企业 43 亿元的年末存货余额。因此，由于企业账务处理的不规范和不统一，应付账款及其他商业信用科目中应该同样存在大量非周转类项目和款项，所以简单地按照测算公式处理商业信用科目是不谨慎的。但同时，对于客户数量较大的商业银行进行完全分析有相当难度，建议对风险相对较大的客户单独进行深入分析。

（二）JD 国贸

专业贸易企业主要有两种经营模式：一是代理性贸易，二是自营性贸易，大部分贸易公司同时开展以上两类业务。专业贸易公司授信测算原则是：以贸易额为基础测算代理性贸易融资需求；以销售收入为基础测算自营性贸易融资需求。根据以上原则测算授信额度时，首先应对企业实际核算方法进行调查，灵活掌握，例如，发现贸易额已全部计入销售收入，则直接按销售收入进行测算，但要区分代理性贸易和自营性贸易的不同风险特征。

本书重点关注贸易企业融资过度和信用证使用规范问题，笔者认为：

（1）虽然存在大量“套证”行为，但如果年累计开证金额小于营业成本、未结清信用证余额小于存货金额，一般认为融资总量问题不大，难以直接认定客户是否存在违规行为。

（2）企业资金较为紧张的时期，如一定时期的钢铁行业，虽然生产周期（企业从接到销售计划到排产再到交货一般为 20 天到 1 个月）远小于远期信用证付款期限（3~6 个月或者 1 年期），但企业一般不会提前付款，而是根据资金头寸整体情况进行调剂付款。对于销售利润率较高，资金调剂余地较大的客户或者进行投机的客户，尤其是做自营业务的贸易公司，可以实现通过开远期信用证占用银行信用的目的；做代理业务的贸易公司由于一般由母公司对资金进行全程监控，难以占用银行信用，如果有投机意图，只能通过母公司来实现。当然，管理不规范的公司除外。另外，提请读者注意，净态财务报告难以鉴别客户真实的资金安排，要通过全程监测公司的资金流才能正确分析客户资金的使用问题。

（3）如果不对同一客户不同商业银行的贷款档案进行比对，不采取外核的方式审查信用证相关单据，难以发现客户的道德风险及银行工作人员的操作风险。

三、初步研究结论

（一）几种快速估算方法

由于测算值≠偿债能力≠融资需求，因此本节只考虑授信需求，不考虑偿债能力等问题。基于此，以 JD 钢铁公司（20××-1）年财务数据为例，得到以下营运资金授信快速估算的初步结论：

1. “年末存货+年末商业信用”法

如果完全按原银监会的测算理念和办法执行，且认为客户商业信用相关科目核算的内容完全符合会计制度，则直接用“年末存货+年末商业信用”估算营运资金需求。该方法的优点是方便快捷，且符合制度；缺点是对于与 JD 钢铁公司类似的企业，常常出现测算值较小或者为负值的情景。JD 钢铁公司测算模型见表 7-3。

表 7-3　JD 钢铁公司客户营运资金（流动资金）需求量测算模型

单位：万元，次，天

上年度销售收入	3 218 518	营业成本	3 210 554
销售利润率	0. 25%	预计销售增长率	5. 00%
应收账款周转次数	98. 79	平均应收账款余额	32 578
预收账款周转次数	16. 31	平均预收账款余额	197 384
存货周转次数	6. 01	平均存货余额	534 641
预付账款周转次数	52. 28	平均预付账款余额	61 416
应付账款周转次数	5. 73	平均应付款账余额	559 929
应收账款周转天数	3. 64	营运资金周转次数	-25. 03
预收账款周转天数	22. 08		
存货周转天数	59. 95		
预付账款周转天数	6. 89		
应付账款周转天数	62. 78		
营运资金量	-134 683. 71		

测算结果显示，营运资金需求量为负值。但是，企业利用融资直接购买原材料的行为和需求肯定是事实存在的（最明显的是进口信用证），所以测算模型是比较理论化和理想化的情景，对其进行修正是必要和合理的。

2. “平均存货+平均商业信用”法

该方法优缺点与第一种方法相似，区别不大，不再赘述。

3. “平均存货”法

由于商业信用的具体分析比较困难，或者有时商业信用项目较多，不利于从业人员作为决策参考。在需要快速、近似做出决策的情况下，可不考虑商业信用对资金占用的调整，直接以存货水平（一般为年初、年末存货平均值）作为营运资金需求估算的上限。该方法的优点是方便快捷，且不会出现测算值为负的悖论；缺点是不完全符合监管制度，但理念与监管制度相同。如果客户商业信用项目较少，且表外融资业务较小，则该方法具备快捷、正确且基本符合制度的特点。

4. “存货+真实商业信用调整+未结清信用证余额+其他表外业务余额+预计新增表内、表外业务需求”法

该方法与原银监会测算办法有差异，但比较准确地反映了客户真实的营运资金需求，计算过程比较复杂。

5. “承认现状”法

这是一种只考虑客户融资存量与现状，不考虑监管的估算理念，是最为快捷且有一定依据的方法。例如，由于短借长用是目前我国很多企业的普遍特征，无论如何测算，营运资金授信的测算值一般是远小于企业的表内短期融资的。但是，无论原银监会测算办法规定的测算值如何，一般情况下大型客户的营运资金主要来源于商业银行的信贷资金这个现实必须承认。因此，对于重要客户，如果企业的整体偿债能力问题不大，则可以用承认现状的办法，以企业实际短期融资及用于营运的中长期融资为基础，直接确定营运资金授信参考值。

（二）其他相关说明

（1）本章提及的营运资金基于监管发布的测算公式，仍然以原材

料采购和占用资金需求为基础，短期资金用作长期项目、借款用于工资发放、其他不计入生产成本的费用等其他原因产生的“短期融资”不属于本章的研究范围。因此，对大部分工业企业来说，由于其短期融资的构成是复杂的（一是用途复杂，二是包括贷款、债券、短融等不同产品），所以短期融资的余额一般远大于测算的营运资金授信参考值。

（2）季节性调整因素只能通过考察以往年度月峰值（甚至是日峰值）与年初、年末平均水平的比例来实现，这个比例目前看无明显规律，可按专家判断法确定一个参考值执行。

（3）以上测算方法均未考虑客户现金余额（或称自有资金）对测算值的扣减，同时未考虑同业占比，因此测算结果为授信理论值。

四、本章小结

本章通过对监管机构公式的推导，得到了营运资金量测算的本质为存货对资金的占用以及商业信用对资金占用的调整。然后以钢铁企业为例，验证了企业实际营运资金融资需求与授信测算结果的差异，进而基于监管理念与企业营运实际和会计核算惯例，提出了“年末存货+年末商业信用”法等5种快速、简易、直观估算营运资金授信需求的方法，为业内人士日常业务操作提供了较好的借鉴。

A Guide to the Credit Limit of Corporate Clients in Commercial Banks

第八章
产销周期、营运周期与营运资金授信关系辨析

本章从企业运营周期角度出发，继续研究营运资金授信测算问题。通过考察监管机构关于营运资金的测算公式，调研主流商业银行关于营运资金授信额度的核定思路，我们可以发现，营运资金授信的测算本质上是以产销周期为基础的。但是，这个思路有问题吗？营运资金的授信测算主要包括两个方面的问题：一是额度的测算，主要与公司营运资金总量、营运周期相关；二是相关融资产品的设计，即用什么样的融资产品，比如是用流动资金贷款还是用信用证，需要考虑公司产销周期中金额、期限、生产流程等相关因素。本章的主要观点是，产销周期≠营运周期，决定营运资金授信额度的是营运周期而非产销周期，这是对目前多数银行授信理念的一个纠正。同时，产销周期和营运周期的行业间差异较大，难以建立一个适用于所有行业的统一模型。本章继续以钢铁行业为例，探讨产销周期、营运周期间的关系及其与营运资金授信测算间的逻辑，该逻辑基本适用于一般连续型生产企业。

一、概念界定

（一）产销周期

产销周期是指企业从原材料采购到组织生产再到产品销售收回货款的整个周期，包括生产周期和结算周期两部分。产销周期指“单一”或“单批”产品产销周期，比如对于钢铁冶炼企业，是指同批次铁矿石从采购到进入高炉再到钢材成品出售货款回笼的整个周期；再比如对于船舶建造企业，是指企业接到单船订单后从组织生产到船舶建成交付再到船东付款完成的整个周期。显然，产销周期越短，企业生产流程就越短，融资产品的期限就可以相应缩短；反之，银行需延长授信期限以满足客户融资需求。产销周期的两个构成部分中，生产周期在工艺和技术相对稳定的前提下相对固定，结算周期对一个特定行业而言有规律可循。但某一客户行业地位、产业链地位（常常决定商业信用的方向）、行业形势、融资环境和制度、原材料在途时间、销售情况的变化则不断地改变着其结算周期，进而决定着公司产销周期的变化。

产销周期常被用于融资产品的设计，是单一产品或者单批产品生产周期概念。比如轮船的制造，银行可以按单体轮船生产周期确定轮船制造保函的金额和期限。在这种情况下，从轮船企业整体营运资金的角度考虑融资适度性不如从单个产品角度考虑有效和准确。此类行业产品的特点是单体大、可分割性好。但对于冶炼、小型设备（单个产品价值占存货总额的比例较小）、农产品等连续型生产企业，从单一产品的角度考虑融资产品的设计意义不大，常常需要从企业整体的角度测算营运资金融资需求，因此需要对企业整体的营运资金量和营运资金周转周期进行研究。

（二）营运周期

营运周期是笔者在本书的专用术语。本书不对营运周期的概念进行直接定义，只做一个概念的阐释，即营运周期是产销周期的复合。显而易见，一般情况下，一个企业会同时“发起”或者“存在”多个产销周期（比如一个钢铁企业可能有多个高炉，但生产进度不同）。不同的产销周期起点各异，且存在不同类型的产销周期（比如钢铁企业中长流程、短流程的产销周期明显不同；同样为营运资金支出，采购铁矿石与采购焦炭的产销流程明显不同）。因此，产销周期≠营运周期，营运周期是全部产销周期叠加的结果，既有金额上的叠加，也有时间上的叠加。因此，营运金额一般大于产销金额，营运周期与产销周期的长短比较则因行业的差异难有定论。显然，在营业成本一定的情况下，营运周期越长，周期速度越慢，企业占用营运资金（银行信用）的时点值就越高；反之，则越低。

本章进行测算的逻辑是：营运资金授信额度=营运资金需求量-企业自有资金+商业信用（商业信用可正可负）；假设企业自有资金为零（这是估计授信参考值的一般假设方法），则营运资金授信额度=营运资金量+商业信用；再假设无商业信用存在，则营运资金授信（授信理论值）=营运资金量。

二、钢铁企业产销周期[①]

（一）无商业信用流程

笔者对钢铁行业进行调研的2010年前后，我国钢铁冶炼企业成品销售环节基本不存在库存积压现象，无论采取经销商模式，还是直销模式，钢铁产品销售多以先款后货为主。如果存在海外销售或者参与国家大型基建项目，则可能会有部分应收账款存在，但占比较小。此种流程下，结算流程对产销流程影响不大，具体流程如下：

现金购买原材料（购买少量国内铁矿石）—20个工作日生产周期—销售回笼现金（少量应收账款）

依此流程，产销周期约20天，一年最多完成18个周期。

① 以长流程钢铁冶炼企业为例，以购买铁矿石为例。

（二）含商业信用流程

由于我国钢铁企业原材料自给率较低，铁矿石主要来源于海外采购，结算方式以信用证及信用证项下贸易融资为主（其中焦炭和废钢的现金采购比例可能相对较高，但现金采购不延长结算周期），含商业信用流程为钢铁企业结算和生产的主要模式，且商业信用主要集中于对上游的采购环节，下游仍然以先款后货为主，具体流程如下：

信用证购买原材料[①]—约1个月运输（海运+内陆）时间—20个工作日生产周期—销售回笼现金（看公司整体资金安排决定是否归还银行融资）

以开信用证为例，开证后约5天办理收单，企业即记入存货处理，约1个月原材料到达企业。因此，从记入存货到生产前环节约25天，从开证到生产前环节约30天（保守起见按此估计生产前流程）。

依此流程，产销周期约50（30+20）天，一年最多完成7.2个周期。

三、钢铁企业营运周期

（一）营运周期的计算方法

从原银监会测算公式来看，营运资金量=预计营业成本/营运资金周转次数，由于营业成本主要由存货转换归集而成，所以营运资金的周转本质上是存货的周转。通常所说的“转几圈”的概念实际为存货“转几圈”，这个“转几圈”与一般的存货周转率又有不同，本书称之为“全口径存货周转率”，下文会有详细解释。但是，原银监会公式的分母

① 如果开远期信用证，期限平均约6个月；如果开即期信用证，则一般在10天内完成付款；如果办理信用证项下贸易融资，则期限一般在3个月以上；由于上游企业相对强势，要求开即期信用证的较多，但当时情形下，我国钢铁企业远期信用证数量明显增加。

项是值得商榷的，不应该将所有商业信用（正项和负项）全部作为营运资金量处理。与第七章相同，原银监会营运资金量测等公式推导如下：

营运资金量＝预计营业成本÷[360÷(存货周转天数+应收账款周转天数－应付账款周转天数+预付账款周转天数－预收账款周转天数)]

＝(1+销售利润率)(1+预计销售增长率)[(平均存货－平均应付款+平均预收款)(1+销售利润率)+平均应收款－平均预收款]　　(8-1)

假设[①]：

（1）销售利润率＝0；

（2）销售增长率＝0。

营运资金量＝平均存货－平均应付款+平均预付款+平均应付款－平均预收款　　(8-2)

从推导结果来看，这个公式的思路有待完善，以应付账款的发生为例：

假设一家企业需要购买 10 亿元原材料，以应付款方式信用购买，则会计分录如下：

借：存货　　　　10（亿元）

　贷：应付账款　　　　10（亿元）

显然，此企业营运资金量为 10 亿元，与存货余额相同。但按上面的公式推导结果，营运资金量＝平均存货－平均应付款＝10(亿元)－10(亿元)＝0，这显然是有问题的。因此，该公式计算的不是营运资金量，

① 此假设的目的是更好地看到公式的实质，如果销售利润率小于零，销售增长率大于零，资金占用会相应增加，反之同理；以目前钢铁行业的运营态势，这个假设亦较为符合 JD 钢铁公司现状。

而是对银行融资的需求量。

从上面的分析可以看出，营运资金量是企业开展经营活动需要的资金总量，等同于企业的资金占用量，因此应以资产类科目（比如上述分录中的存货）作为衡量标准，即营运资金量=存货+应收账款（已销售但未回笼现金的存货）。同时，预付账款同样作为营运资金需求，不能与存货和应收账款一起核算，因为预付款虽然付出了营运资金，但并没有引起存货的变化，会计分录如下：

借：预付账款　　　　　5（亿元）

　贷：现金　　　　　5（亿元）

就“全口径存货周转率”来看，由于分子项是已实现的销售收入（包括现金和应收款两部分）对应的营业成本，因此分母项也应该对应相应的资产项，即“存货+应收账款”，不应该只有“存货”项。因此，通常我们说的“转几圈”的计算应该等于全口径存货周转率的计算，即

营运资金周转次数(营运周期)=营业成本÷(存货+应收账款)　（8-3）

由以上分析可得：

预计未来年度营运资金量=预计营业成本÷全口径存货周转率　（8-4）

（二）钢铁企业营运周期特点

由以上分析可见，营运资金周转次数类似存货周转次数，但由于公开披露指标中没有“全口径存货周转率”的数据，且钢铁企业应收账款金额不大，为方便从简化的角度进行建模，下面以存货周转率代替“全口径存货周转率”作为分析钢铁企业营运资金周转率的指标。

1. 存货周转率是一个事后平均概念

与大多数财务指标相同，计算存货周转率时要使用企业的历史财务数据，因此存货周转率计算结果是一个事后的概念。对授信测算来讲，其价值在于使用历史存货周转率（一般是上年度或者最近三年）预测企业未来可能的存货周转率，因此该指标对一个企业是否相对稳定，对一个行业是否有规律可循是其能否有效使用的关键。另外，根据一般计算方法，存货周转率=营业成本÷(0.5×年初存货+0.5×年末存货)，因此存货周转率是在以年初年末平均存货作为全年平均存货的假设下，计算出的平均周转速度，不能反映存货在不同月份间的波动，也就不能反映“季节性调整”和“峰值”的问题。此外，由于存货为资产负债表的表内项目，亦无法反映企业对应的表外融资部分。

2. 不同企业存货周转率差异较大

考察发现，即使同样是钢铁冶炼企业，不同企业的存货周转率差异也较大。差异的原因可分为两类：一是规模不同导致经营效率不同；二是经营模式、环境、主营产品、资源自给率、销售渠道的不同导致周转速度不一，如短流程冶炼企业的周转速度一般快于长流程冶炼企业的周转速度。笔者仍然选择调研期间的财务数据，2011 年上半年国内钢铁企业部分财务指标见表 8-1。

表 8-1　2011 年上半年国内钢铁企业部分财务指标

企业名称	销售收入（万元）	利润总额（万元）	资产总额（万元）	流动资产周转率（%）	存货周转次数（次）
包头钢铁（集团）公司	2 939 900	447 248	8 483 511	1.53	2.73
重庆钢铁（集团）有限公司	1 645 500	22 991	5 789 605	1.57	2.93
本溪钢铁（集团）有限公司	3 568 931	54 629	12 762 908	1.69	3.11
其中：成都钢钒有限公司	562 435	-10 855	1 417 939	2.60	3.22

续表

企业名称	销售收入（万元）	利润总额（万元）	资产总额（万元）	流动资产周转率（%）	存货周转次数（次）
鞍钢集团公司	11 282 004	178 405	39 147 707	1.95	3.41
其中：鞍山钢铁集团公司	5 331 712	112 156	18 368 474	1.92	3.52
新疆八一钢铁有限公司	1 505 777	100 499	4 074 653	2.01	3.71
攀枝花钢铁（集团）公司	2 391 514	20 226	8 679 801	2.22	3.74
宣钢公司	1 217 271	4 015	3 330 087	2.01	3.80
其中：济南钢铁集团有限公司	1 843 581	14 085	4 734 004	2.19	3.80
广州钢铁集团公司	1 106 933	−45 572	2 672 722	1.58	3.89
承钢公司	1 671 829	1 294	3 704 700	2.34	3.94
宝钢集团有限公司	15 639 146	1 113 294	45 914 416	2.03	4.20
其中：舞钢公司	576 280	7 529	1 344 366	2.14	4.22
山东钢铁集团	5 820 396	223 184	15 034 055	2.19	4.71
天津天铁冶金集团公司	3 464 152	12 447	6 828 655	1.59	4.83
唐山钢铁集团有限责任公司	6 514 194	176 631	17 910 218	2.04	5.04
其中：首钢水城钢铁公司	679 414	−7 894	1 464 000	2.11	5.05
河北钢铁集团有限公司	10 401 819	244 983	29 023 005	2.06	5.26
酒泉钢铁（集团）公司	3 932 187	136 169	9 593 510	2.10	5.45
首钢长治钢铁公司	606 172	502	960 069	2.56	5.55
首钢集团	9 044 240	110 000	32 377 271	1.66	5.64
安阳钢铁集团公司	2 700 330	12 130	4 276 200	2.39	5.66
广东省韶关钢铁集团公司	1 191 908	8 151	2 760 931	2.22	5.75
邯郸钢铁集团有限责任公司	3 425 437	74 398	8 906 568	3.33	5.87
福建三钢（集团）公司	1 296 823	41 843	2 115 892	3.16	5.88
马钢股份有限公司	4 103 854	46 113	7 894 902	2.42	5.92
新余钢铁有限公司	2 151 680	29 185	3 264 752	2.93	6.09
四川川威钢铁集团公司	644 328	33 204	1 528 006	1.88	6.13
莱芜钢铁集团有限公司	3 503 213	163 479	7 335 524	3.09	6.24
华菱集团湘潭钢铁有限公司	1 706 153	1 717	3 232 099	3.56	6.24
华菱集团涟源钢铁有限公司	1 742 215	−8 366	3 821 602	2.87	6.33
武汉钢铁（集团）公司	10 550 940	200 100	21 569 219	3.01	6.59

续表

企业名称	销售收入（万元）	利润总额（万元）	资产总额（万元）	流动资产周转率（%）	存货周转次数（次）
广西柳州钢铁（集团）公司	2 969 646	42 686	7 246 808	1. 73	6. 60
其中：鄂城钢铁有限责任公司	788 484	1 048	1 769 900	3. 34	6. 60
邢台钢铁公司	563 756	20 696	818 577	4. 26	6. 98
石家庄钢铁公司	439 767	15 256	794 732	2. 62	7. 01
其中：唐钢公司	3 272 349	51 603	10 283 240	2. 23	7. 04
首钢通化钢铁股份有限公司	1 320 915	26 814	3 147 392	2. 58	7. 09
太原钢铁（集团）公司	6 181 527	101 942	10 603 790	3. 87	7. 24
凌源钢铁集团有限责任公司	839 270	43 757	1 532 727	2. 96	7. 40
其中：河北津西股份公司	1 593 576	143 911	2 036 995	2. 68	7. 60
江西萍钢实业股份有限公司	2 029 608	51 534	2 817 266	3. 63	7. 98
西林钢铁集团公司	798 361	24 321	2 201 603	1. 18	8. 16
杭州钢铁集团公司	4 315 025	81 570	4 069 310	3. 37	8. 33
南昌钢铁集团有限公司	675 390	48 789	1 011 688	3. 28	8. 79
其中：山西新临钢钢铁有限公司	325 245	4 373	233 807	3. 41	8. 91
昆明钢铁股份有限公司	1 618 372	16 213	2 026 798	5. 75	9. 36
抚顺新钢铁有限公司	677 643	57 565	644 104	3. 97	9. 82
陕西略阳钢铁有限公司	163 963	1 113	227 637	3. 64	9. 87
江苏永钢集团有限公司	1 412 314	70 343	2 510 674	1. 76	10. 23
唐山国丰钢铁有限公司	1 662 378	75 076	2 695 443	2. 39	10. 35
南京钢铁集团公司	3 833 795	71 897	4 176 211	3. 80	10. 45
河北津西钢铁集团	2 581 766	171 347	2 990 132	3. 20	10. 99
北京建龙重工集团有限公司	3 200 534	176 638	5 433 006	4. 39	11. 72
新兴铸管股份有限公司	2 686 594	119 306	3 058 811	3. 16	13. 32
天津钢铁集团有限公司	4 849 977	17 723	7 081 113	3. 79	14. 41
江苏沙钢集团有限公司	10 267 606	434 788	17 581 027	4. 18	14. 57
石横特钢集团有限公司	993 219	65 967	741 569	6. 39	15. 97
青岛钢铁集团公司	2 031 485	15 738	1 425 697	4. 99	18. 31
四川达州钢铁集团公司	860 821	7 729	915 941	5. 72	18. 57

数据来源：钢铁行业协会。

从表 8-1 和图 8-1 可以看出，即使规模相近的企业，存货周转率也没有表现出近似性，因此同一行业内不同企业的存货周转率差异较大，以行业均值预估客户的存货周转率可能并不完全符合客户实际需求，主要有两个原因：一是影响企业存货周转率的因素有多个，规模、经营模式、企业性质等均不能作为解释存货周转率的决定性因素，因此很难找到合理分类下的行业平均水平；二是行业平均值本身为历史值，钢铁行业作为受宏观调控、行业格局影响比较明显的行业，无论是周转速度，还是主营业务，简单用历史数据来预测都是不严密的，这也部分验证了本书第三章对行业平均值相关缺陷的分析。因此，承认客户的周转率现状，一事一议地去寻找与行业平均值的差距有一定的意义，单纯比较行业平均值各项指标意义不大，因为偿债能力是各项指标的综合反映，负债率高的客户偿债能力可能不差，存货周转快的企业可能是亏损的。但同时，无论与行业平均值的比例结果如何，企业的需求是客观的，因为营运资金授信上限的测算是各银行考虑风险偏好前得到授信实际值的测算基础。

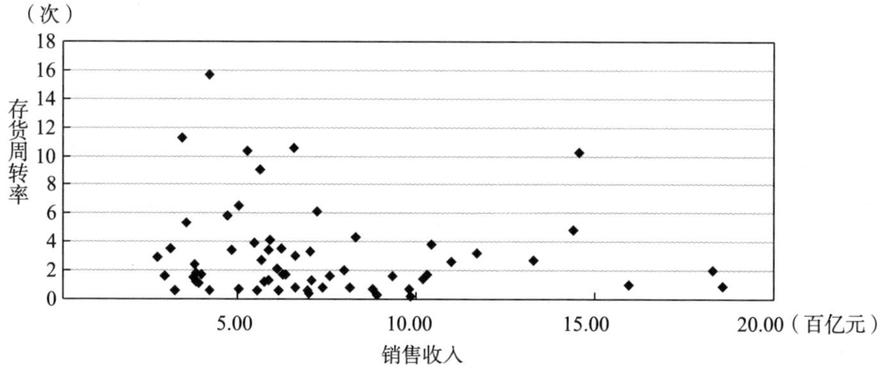

图 8-1 “存货周转率与销售收入”散点图

3. 同一企业不同年度周转率有规律可循

表 8-2 是国内 14 家钢铁企业 2006—2010 年存货周转率变化情

况（合并报表口径）。

表 8-2　国内 14 家钢铁企业 2006—2010 年存货周转率变化情况

单位：次

年份	2010	2009	2008	2007	2006
广州钢铁集团公司	—	3.58	4.80	5.66	4.40
宝钢集团有限公司	4.35	3.53	4.11	4.21	4.09
唐山钢铁集团有限责任公司	5.43	4.88	6.79	7.24	7.39
酒泉钢铁（集团）公司	4.37	3.41	4.29	5.60	5.18
首钢集团	8.89	7.09	7.66	2.23	6.03
安阳钢铁集团公司	5.23	4.05	6.38	6.25	5.97
马钢股份有限公司	5.71	5.21	6.69	5.56	9.47
新余钢铁有限公司	6.4	5.03	6.34	6.07	6.53
武汉钢铁股份有限公司	7.35	5.96	13.41	6.7	
太原钢铁（集团）公司	7.06	6.1	4.86	5.33	4.9
江西萍钢实业股份有限公司	8.96	10.76	11.2	8.55	10.3
杭州钢铁集团公司	7.19	5.6	6.3	4.75	3.69
江苏沙钢集团有限公司	6.81	11.67	22.87	7.38	8.02
青岛钢铁集团公司	5.63	3.99	4.72	8.2	7.29

数据来源：某银行系统内数据。

以上数据多系列折线图见图 8-2。

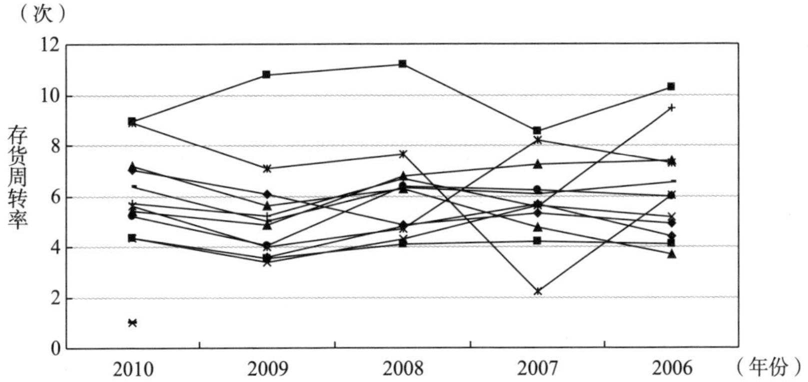

图 8-2　2006—2010 年国内 12 家钢铁企业存货周转率变化

注：为观察方便，图 8-2 在表 8-2 的基础上剔除了 2008 年度周转率畸高的沙钢集团和武钢股份数据。

从表 8-2 和图 8-2 可以看出，虽然同一企业不同年度存货周转水平亦有一定变化，但整体变化幅度不大，5 年折线图以“平直”为主要形态。同时，如果考虑宏观经济形势、国家调控政策、铁矿进口政策等可预知因素对存货周转率的影响，即在对企业“销售收入”和“存货余额”进行预测的基础上参考企业上年度存货周转率进行预测，则可以得到相对较正确的结论。

4. 小结

由于我国大部分钢铁企业原材料购买方式和销售模式类似，因此产销周期相近，一年最多完成约 7.2 个周期。全口径存货周转率是营运资金周转次数良好的替代指标，如果应收账款余额不大，可用存货周转率表示营运资金周转次数。不同企业存货周转率差异较大，且存货周转率与以产销周期为基础计算的周转率差距较大，61 家企业的存货周转率在 2.7~18.5 次不等，存货周转率在 6~8 次的 16 家企业占比 26%。因此，从我们选择的钢铁企业来看，该行业不适合用产销周期代替营运周期。

四、钢铁企业营运资金授信测算值

根据前述相关研究结论可得：

营运资金授信测算值 = 预计未来年度营运资金量+商业信用
= 预计未来年度营运资金量+（预付账款-预收账款-应付账款）
= （预计营业成本÷全口径存货周转率）+（预付账款-预收账款-应付账款）　（8-5）

在测算过程中，需要注意以下四点：

（1）开证需要锁定一部分甚至全额保证金，这常常占用企业大量营运资金。如果仅将信用证收单后以应付账款作为减项处理，则会低估企业营运资金需求，同样的情况也适用于衍生交易保证金等业务对营运资金的占用。

（2）由于以上公式中涉及的全部是企业表内项目，表外项目（如信用证交单前状态、保函业务等）未包括在其中，所以应在以上结果的基础上加上表外业务部分。

（3）预计未来年度营运资金量按营运周期（次数）估计，“预付账款-预收账款-应付账款”按行业、企业实际情况灵活处理。

（4）如果企业预收账款的支配受到较大限制，则应在测算公式中适当考虑剔除该项。

因此，修正后的营运资金授信测算公式为：

营运资金授信测算值=(预计营业成本÷全口径存货周转率)+(预付账款-预收账款-应付账款)+表外项目　　(8-6)

五、四个钢铁企业营运资金授信测算案例

本节选择四家钢铁冶炼企业对以上公式进行试算，并对测算结果进行讨论。由于四家公司均选用已知某年份相同时期财务数据，“预计营业成本/全口径存货周转率”=存货+应收账款，营运资金授信测算值=存货+应收账款+(预付账款-预收账款-应付账款)+表外项目；由于没有得到客户的表外融资数据，表外融资部分暂不考虑。由于测算过程与财务数据和融资数据的具体年份没有直接关系，且出于规避商密的要求，本节的数据表格和相关表述均不再说明具体年份和日期，结果见表8-3至表8-6。

（一）J 公司案例

1. 营运资金授信测算情况

表 8-3　J 公司营运资金授信测算情况

单位：万元

月份	存货	应收账款	应付账款	预付账款	预收账款	营运资金授信测算
1	726 678	26 052	582 521	112 732	280 502	2 439
2	783 871	37 269	684 362	136 444	205 848	67 374
3	712 854	44 010	561 997	104 896	223 288	76 475
4	561 969	63 431	520 554	85 377	220 777	-30 554
5	545 106	44 978	550 856	106 096	217 873	-72 549
6	639 803	41 848	410 881	94 339	208 358	156 751
7	588 792	42 466	618 533	46 730	264 572	-205 117
8	552 746	37 903	642 739	42 275	207 031	-216 846
9	639 803	41 848	410 881	94 339	208 358	156 751
10	509 307	48 561	733 444	83 325	168 199	-260 450
11	561 762	40 456	768 911	82 036	187 388	-272 045
12	429 477	23 307	708 977	28 493	186 408	-414 108
均值	604 347	41 011	599 555	84 757	214 884	(84 323)
年初年末均值	—	—	—	—	—	(205 835)
最大值	—	—	—	—	—	156 751
最小值	—	—	—	—	—	(414 108)

2. 公司融资情况

公司同期融资余额 138 亿元，其中贷款及银票 104 亿元，贸易融资及其他 34 亿元；所有融资中短期融资占比约 70%。

（二）P 公司案例

1. 营运资金授信测算情况

表 8-4　P 公司营运资金授信测算情况

单位：万元

月份	存货	应收账款	应付账款	预付账款	预收账款	营运资金授信测算
1	171 990	26 725	266 274	31 288	138 057	-174 328
2	290 355	47 108	314 936	33 803	139 428	-83 098
3	288 441	37 804	306 559	37 140	182 773	-125 947
4	338 521	42 606	338 985	34 160	173 129	-96 827
5	374 864	22 183	382 599	43 861	154 167	-95 858
6	399 739	23 329	303 705	33 695	134 239	18 819
7	397 692	19 833	355 713	40 481	162 996	-60 703
8	388 433	32 282	309 005	59 487	202 070	-30 873
9	358 589	30 723	272 795	63 172	211 970	-32 281
10	241 342	18 283	293 703	61 583	217 622	-190 117
11	387 769	18 579	291 528	53 029	240 073	-72 224
12	230 237	15 035	481 916	34 872	249 141	-450 913
均值	322 331	27 874	326 477	43 881	183 805	(116 196)
年初年末均值	—	—	—	—	—	(312 621)
最大值	—	—	—	—	—	(32 281)
最小值	—	—	—	—	—	(450 913)

2. 公司融资情况

公司同期融资余额 1 112 973 万元，其中贷款余额 855 775 万元，其他融资 257 198 万元。

（三）X 公司案例

1. 营运资金授信测算情况

表 8-5　X 公司营运资金授信测算情况

单位：万元

月份	存货	应收账款	应付账款	预付账款	预收账款	营运资金授信测算
1	421 096	63 326	359 551	88 564	169 884	43 551
2	486 852	65 323	371 707	86 937	180 530	86 875
3	695 058	86 730	445 192	127 578	199 177	264 997
4	653 952	104 899	459 314	109 902	208251	201 188
5	678 591	82 705	500 942	75 075	215 097	120 332
6	603 109	85 292	425 642	129 266	196 897	195 128
7	567 785	82 219	395 292	89 764	200 121	144 355
8	565 200	73 150	370 370	85 133	175 189	177 924
9	617 632	78 604	386 764	92 861	232 279	170 054
10	582 281	67 382	414 047	76 813	202 954	109 475
11	598 471	79 318	390 459	80 973	222 322	145 981
12	624 804	76 494	382 099	98 224	212 800	204 623
均值	591 236	78 787	408 448	95 091	201 292	155 374
年初年末均值	—	—	—	—	—	124 087
最大值	—	—	—	—	—	204 623
最小值	—	—	—	—	—	43 351

2. 公司融资情况

公司同期融资余额 832 840 万元，分别为贷款 752 295 万元、保函 46 038 万元、信用证 18 065 万元、贸易融资 3 658 万元和票据贴现 12 784 万元。

（四）A 公司案例

1. 营运资金授信测算情况

表 8-6　A 公司营运资金授信测算情况

单位：万元

月份	存货	应收账款	应付账款	预付账款	预收账款	营运资金授信测算
1	576 378	22 627	274 875	42 558	159 989	206 699
2	647 384	15 565	297 435	42 551	203 925	204 140
3	656 693	34 507	331 930	33 998	190 978	202 290
4	685 059	16 079	325 725	40 709	206 685	209 437
5	666 940	15 315	286 911	42 449	177 133	260 660
6	676 734	22 976	308 407	38 032	148 948	280 387
7	681 458	28 240	299 840	41 139	157 046	293 951
8	661 350	22 223	291 093	35 288	160 615	267 153
9	668 657	25 153	270 494	42 073	179 538	285 851
10	704 691	29 703	303 403	56 191	142 677	344 505
11	771 764	30 628	290 564	65 872	157 272	420 428
12	701 090	23 904	232 201	64 448	190 231	367 010
均值	—	—	—	—	—	278 543
年初年末均值	—	—	—	—	—	286 855
最大值	—	—	—	—	—	420 428
最小值	—	—	—	—	—	202 290

2. 公司融资情况

公司同期融资余额 162 亿元，其中贷款及银票 148 亿元、保函 8 亿元、信用证 2 亿元、其他融资 4 亿元。

（五）小结

1. 授信测算值远小于企业实际融资

根据本书相关章节的分析，授信测算值较小甚至为负值的主要原因在于商业信用对营运资金提供较多支持，而企业实际以购买原材料名义借入的短期借款则大多用于长期项目建设。

2. 企业采购峰值出现的时间点无行业规律

企业的存货峰值及其相应的营运资金需求峰值均无季度规律，需要根据公司历史采购情况和结算情况进行估计。

3. 企业财务处理不规范的情况影响了授信测算值

如第七章的分析，J 公司和 P 公司均存在应付账款余额远超过存货余额的现象，证明应付账款及其他商业信用科目中应该存在大量非周转类项目和款项，因此简单地按照公式处理商业信用科目是不谨慎的，实务操作中需要对企业的财务情况进行更加深入的分析。

六、本章小结

本章提出了产销周期和营运周期两个概念，明确了营运周期是产销周期的复合和叠加，是营运周期而不是产销周期决定了公司的营运资金总需求。以此为基础，部分解释了为什么一些效益较好且单一产品生产周转、现金周转较快的企业仍然需要大量营运资金。同时，以钢铁企业为例，对产销周期和营运周期进行了实证分析，并指出全口径存货周转率是营运资金周转次数的良好替代，进一步加深了对企业融资现状与授信测算存在差异的理解。

▶ 第九章

商业银行衍生交易业务授信管理研究

国内金融衍生交易起步较晚，规模相对较小，很多商业银行将关注重点放在市场风险上，没有将金融衍生交易纳入统一授信范围，使衍生产品这种高风险业务长期游离于授信管理体系之外。即使有些商业银行考虑了衍生业务授信，但其风险测算方法、授信额度核定模型均比较粗糙，与国外同业的管理水平和管理理念差距较大。次贷危机恰恰是市场风险通过衍生产品交易向信用风险转化的典型案例，市场参与各方信用风险的集中爆发，最终将美国甚至全球的金融市场拖入深渊。本章通过分析商业银行衍生交易业务信用风险产生的机理及特点，以及衍生交易业务信用风险敞口的测算模型，对衍生交易授信额度的测算进行研究。

一、商业银行衍生交易业务的模式及其信用风险

（一）交易模式

一般说来，商业银行衍生交易业务分为两类：一类是自营业务交易模式，另一类是代客交易模式。广义上说，所有与商业银行发生业务关系的主体都是其交易对手，但本书中的“交易对手”仅指提供衍生交易产品的投资银行、商业银行等金融机构和其他特定交易方，而“银行客户”是指企业、事业单位、个人等商业银行的常规客户。自营业务是指商业银行出于风险管理或者盈利要求，直接与交易对手开展的衍

生交易业务，商业银行承担全部风险（信用风险+市场风险）。代客交易是指商业银行的常规客户通过商业银行与交易对手开展的衍生交易业务，商业银行只承担信用风险，不承担市场风险。两类交易模式如图 9-1、图 9-2 所示，图 9-2 中实线箭头表示合约到期清算的资金支付流，虚线箭头表示合约存续期及到期后的信用风险流。

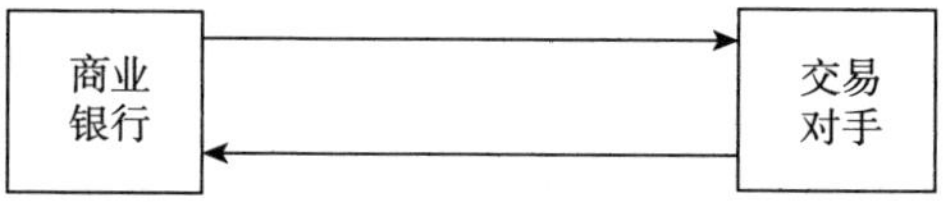

图 9-1　自营业务交易模式

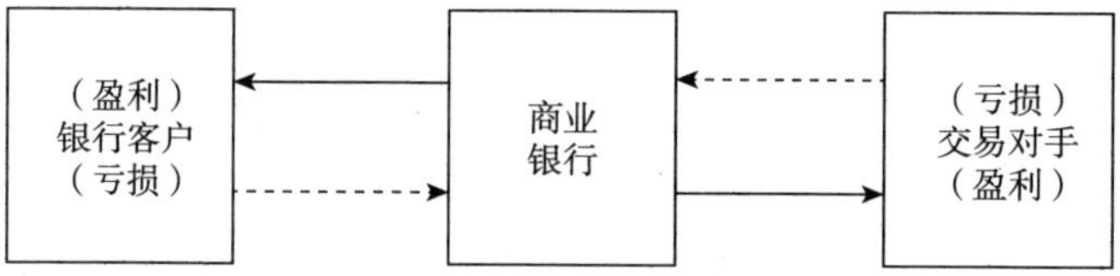

图 9-2　代客交易模式

（二）信用风险的产生与分析

1. 市场风险导致信用风险

由于大宗商品、股票、汇率、利率等基础资产或标的的价格常常存在较大的波动区间，经济主体在对上述基础资产价格走势预期不一致的情况下，会通过签订衍生交易合约以期实现保值、套利或投机的目的。合约签订后，交易方最初重点关注的是市场风险，也就是由于基础资产价格的波动导致其持有的合约是盈利还是亏损。但由于衍生交易本质上是一个零和游戏，交易双方并没有因为签订衍生交易合约实现整体价值的增值，仅实现了价值从一方向另一方的转移，合约到期或者因某种原因提前到期后，合约价值的正值一方就拥有对负值一方的求偿权，也即负值一方对正值一方形成了一个信用风险敞口。因此，对于自营业务，商业银行的市场风险与信用风险并存；对于代客交易，市场风险由银行客户和交易对手承担，但商业银行要承担来自客户和交易对手两方面的信用风险，即当银行客户为合约正值方时，要承担交易对手的信用风险；当交易对手为合约正值方时，要承担银行客户的信用风险。

2. 信用风险是动态变化的

由于合约期间合约价值的变化取决于合约基础资产价格或指数的变动程度，信用风险敞口的大小在整个合约期间也随时间的变化而变化，且这种变化程度比普通业务中客户信用风险的变化程度更剧烈，需要银行采取盯市的方法动态监测信用风险的大小，所以衍生交易的授信管理应该是积极的动态管理。

3. 代客交易的信用风险本质上是商业银行的担保风险

假设银行客户和交易对手通过商业银行签订一个衍生交易合约，无论银行客户和交易对手哪一方处于合约正值方，商业银行都有义务直接对其进行支付，然后（或同时）再向合约负值方求偿。由于负值方是否有能力或者有意愿偿付存在不确定性，所以商业银行本质上对该合约承担了连带保证责任，因此是一种担保风险。

二、商业银行衍生交易业务授信额度的核定方法

如果将衍生交易业务纳入授信管理，就需要科学地测算其应该占用的授信额度，而授信额度测算的本质是信用风险敞口的测度问题。

（一）衍生交易信用风险敞口测度的方法

1. 固定系数法

商业银行依经验对不同衍生产品制定出一系列风险敞口转换系数。例如，一笔利率调期业务的名义本金是1000万元，若固定系数为1.5%，则该项业务信用风险敞口（CR）为15万元。

此种方法的优点是容易理解、计算简单；缺点是固定系数不会随衍生合约剩余期限动态调整，同时也不能随合约价值的变化动态调整。此种方法对于研发实力有限的中小银行或者极其复杂以至于难以正确计算信用风险敞口的衍生业务品种是比较适用的。

2. CE 法

CE 法（Current Exposure）又称现值法，即按照各类风险因素的市价计算衍生交易合约的市值，计算结果即为此衍生交易的风险敞口。当 t 时间合约价值 Value(t) 对商业银行为正值时，即为商业银行的风险敞口；反之，信用风险敞口为零。用公式表达就是：$CR=\max(\text{Value}(t),0)$。

此种方法的优点是对商业银行风险敞口的盯市跟踪，便于商业银行及时估算面对的风险暴露，时效性强；缺点是其计算较固定系数法复杂，交易合约并没有到期，且盯市需要的工作量较大。

3. PFE 法

PFE 法（Potential Future Exposure）又称未来潜在风险法。该方法的计算过程为：选择影响衍生产品信用风险敞口的关键因素；计算选定的风险因素在 95% 置信区间的潜在变化；用风险因素变化的边界值估计每一时点的风险敞口，得到的最大值即为 PFE 值。

（1）假设风险因素边界时刻为 T，则当考察的衍生交易为单一交易时，$CR=\max(\text{Value}(T),0)$。

（2）当考察的标的为一组衍生交易或一个衍生交易组合时，对组合内衍生交易的信用风险进行求和运算，$CR=\sum_{i=1}^{n}\max(\text{Value}_i(T),0)$。

（3）当考察的标的为一组衍生交易或一个衍生交易组合，且考虑各衍生交易间正值和负值合约的抵消（如存在净值合约）效应时，$CR=\max(\sum_{i=1}^{n}\text{Value}_i(T),0)$。

（4）如果从衍生交易各风险因素间的相关度、交易组合内单个交易间相互影响的角度考虑互抵效应，即这种互抵不是简单相加，而是考虑关联影响和相关系数时，就会需要更加高级的测算方法，如模拟法（Simulation Approach）。模拟法的优点是运用了概率论与数理统计的知识，并从衍生品整个生命周期的角度考虑，使计算过程和结果更加科学；但也正是由于采用了统计学的方法，不可避免会有此类方法固有的缺点。

4. 其他方法

除以上这些方法外，许多金融服务公司（如知名金融工程软件服务公司 FINCAD）还使用了 PE 法、EE 法、EPE 法、EEE 法、EEPE 法等，主要是运用概率论和微积分的方法对测算模型的准确性做进一步的完善。

（二）国内商业银行衍生交易授信额度核定的一般方法

由于我国商业银行开展衍生交易的时间较短、交易量有限，风险敞口的测算对历史数据要求较高，且开发模型需要投入大量的人力、财力、物力，大多数商业银行可能没有足够动力开发复杂的计量模型。目前，国内即使比较先进的商业银行一般也采用固定系数法测算风险敞口，并计算占用的授信额度，即授信额度=名义本金×该项业务授信额度占用系数。

从实践来看，最突出的问题是在业务品种完全相同的情况下，各金融机构的“授信额度占用系数”相差较大。其中，既有合理性因素，如各商业银行的风险偏好不同、掌握的数据量不同；也有不合理的地方，如某些商业银行的风险测算方法不够严谨等。即使目前没有开展复杂计量的前提条件，确定一定的时间频率、按照剩余期限对风险敞口进行定期调整也是比较容易做到的，CE 法也是基本可行的。各商业银行可循此思路做一些尝试和探索。

三、商业银行办理衍生交易业务应注意的问题

结合国外的研究成果尤其是国际交易对手风险防范小组（Counterparty Risk Management Policy Group III）的研究成果及国内监管要求，商业银行办理衍生交易业务时应注意以下问题：

第一，对于代客业务，银行应深入了解客户开展衍生交易的目的和动机，重点支持套期保值业务，规避投机业务；严格审查交易基础的真实性与一次性，防止客户利用虚假交易办理衍生业务，防止客户利用一次交易在不同机构办理同一衍生业务。

第二，结合衍生交易的规模和具体品种，对客户的偿债能力做出客观评价；重点关注头寸较大的客户和金额较大的交易，并在定价模型和参数设定中区别考虑；衍生交易授信额度是客户总量授信的一部分，应纳入统一授信管理。

第三，核定衍生交易授信额度与尽可能采用风险缓释技术并不冲突，一旦出现违约，应果断采取扣收保证金等措施防止银行垫款。

第四，对于代客业务，营销策略应适当。当银行客户处于合约亏损方时，应向其提示银行仅起中介作用，客户亏损不代表银行盈利，防止客户误解；特别复杂的金融工具只能销售给成熟投资者，并尽可能使用常规的和流动性强的衍生金融产品，减少为客户定制特殊产品；脱离衍生业务本质的不恰当营销更是不可取的。

第五，由于衍生业务常常是表外业务，具有隐蔽性，银行客户和交易对手常因各种原因没有披露或者没有全面、正确披露，未披露部分常常会有巨大的风险隐患。因此，商业银行应尽可能地通过各种渠道掌握银行客户和交易对手衍生业务的开展情况，并在合同中写入对方因未披露信息而应承担的义务。

第六，商业银行应定期评估自身的风险偏好，尽可能准确地计量风险敞口值和潜在损失，并建立定期向高管层汇报的机制；商业银行的高管人员要对数学模型的局限性有充分的了解和估计。

第七，不应过分迷信国际活跃银行的偿债能力，合理分散交易对手风险，健全风险防范机制。总之，监管部门和我国主要商业银行应积极推动相关数据库的建设，加快人才的培养与储备，改变衍生产品的定价权主要掌握在国外机构手中的局面，为我国金融风险管理水平的提高奠定基础。①

四、一个衍生交易授信案例

本部分以 FM 汽车公司为例提供一个衍生交易授信核定的一般方法。根据本章的研究，代客金融衍生交易授信审查时通常主要关注以下四个因素：一是客户的综合偿债能力；二是交易的目的和原因，不对客户以投资（机）获利、无风险套利为目的叙作的衍生交易核定授信额度；三是客户以往的交易经验和履约记录；四是衍生交易业务的最大风险敞口为多少。在经济周期波动较为平稳的时期，前三个因素是我们授信审查的重点，但在经济周期波动较为剧烈、金融市场系统性风险较高的时期，我们更有必要对衍生交易风险敞口进行充分评估。此案例中 FM 汽车公司申请的授信额度拟专项用于远期外汇买卖业务，且当时次贷危机影响下主要外币间的汇率变动较为剧烈，以汇率为标的资产的衍生产品合约价值亦出现了较大变动。因此，商业银行应在充分分析客户综合偿债能力的基础上，结合具体衍生业务的特点，借鉴 PFE 方法对相应衍生产品的信用风险敞口做基于历史情景的模拟分析，以更加客观

① 本章此处以前的内容，主要来源于笔者发表于《河南金融管理干部学报》2009 年第 2 期的论文《商业银行衍生交易业务授信管理研究》。

地评价特殊时期衍生交易的潜在信用风险。

（一）客户基本情况和业务需求

鉴于笔者的研究重点和本书的写作侧重点，此处不再对 FM 汽车公司的经营与财务细节进行介绍。总体来看，FM 汽车公司为国内领先的轿车整车厂，主营业务突出，竞争优势明显，财务状况良好，还款来源有保障。公司收入回款以人民币为主，而从欧洲进口零部件等原材料则需要支付欧元。为规避汇率风险，企业需常年与各银行叙作外汇类衍生产品业务，需要核定衍生交易授信额度 5 亿元，用于远期外汇买卖业务。公司在资产、收入及利润高速增长的同时，资产负债率维持在 50% 左右，且付息债务很少，总体经营比较稳健，综合竞争能力和综合偿债能力均较强。公司与各银行叙作外汇类衍生产品业务的主要交易方式有以下两种：①以远期售汇锁定人民币对美元汇率，再以远期外汇买卖锁定美元对欧元汇率；②以远期外汇买卖锁定美元对欧元汇率，在合约到期日用人民币做即期交易购买美元后执行美元兑欧元远期合约。以上两种交易方式均需占用授信额度。从结算需要看，公司年进口规模近 100 亿元人民币，核定 5 亿元衍生交易授信额度与其结算规模是匹配的。从办理的产品品种看，FM 汽车公司目前存量业务仅有远期外汇买卖业务，且均出于避险目的，未参与衍生业务投机交易。客户申请核定的衍生交易授信额度仅用于办理以套期保值为目的的远期外汇买卖，衍生业务的产品的品种风险应该是可控的。从交易经验看，该公司作为我国领先的整车生产制造企业，业务规模较大，国际结算经验丰富，人员素质较高，长年与多家金融机构有衍生交易业务往来，且保持了良好的交易记录，公司内控机制和对外风险控制能力较好。

（二）衍生业务最大预期损失历史情景分析

由于客户申请核定的 5 亿元衍生交易授信额度拟全部用于办理远期

外汇买卖业务，因此对可能发生的最大损失分析如下：假设企业在合约到期日用人民币做即期交易购买美元，再通过执行远期外汇合约来锁定美元对欧元汇率，那么，当到期日欧元的即期汇率相对远期汇率升水时，公司将实现风险规避；相反，如果到期日欧元的即期汇率相对远期汇率贴水，公司将承受汇率损失。设远期汇率为 E_F（所用数据为欧元对美元的汇率，下同），签约日即期汇率为 E_0，到期日即期汇率为 E_1，则公司在不考虑贴现时间价值、相关货币利率变化和银行手续费情况下的潜在收益率为 $(E_1-E_F)/E_0$（相当于兑换1欧元外币的未来潜在收益）；因此，当 $(E_1-E_F)/E_0<0$ 时，银行在不考虑保证金的情况下面临的风险敞口比例为 $(E_1-E_F)/E_0$。

考虑到当时国际金融市场变动较为剧烈，欧元对美元汇率变动的不确定性相应增加。谨慎起见，参考同期彭博资讯系统数据，对ABC公司办理金融衍生交易的潜在信用风险进行测算。根据客户提供的基础资料，该公司远期外汇买卖的合约期限基本在两年以内，且一年以上的合约占比较高，因此我们以两年期欧元兑美元远期外汇交易作为测算标准。根据2007年1月至2009年6月30日期间约384个历史数据（包括2007年1月1日至6月30日的即期汇率，2007年1月1日至6月30日两年期远期汇率和2009年1月1日至6月30日的即期汇率），得到约128个潜在收益比率，并得到了这些比率的基本数字特征（见表9-1）。

表9-1 潜在收益率数字特征

均值	中位数	最小值	最大值	正值数	负值数
-1.38%	-2.05%	-6.77%	4.87%	43个	85个

为便于观察，上述潜在收益比率的概率分布直方图（横轴为潜在收益比率，纵轴为概率）如图9-3所示：

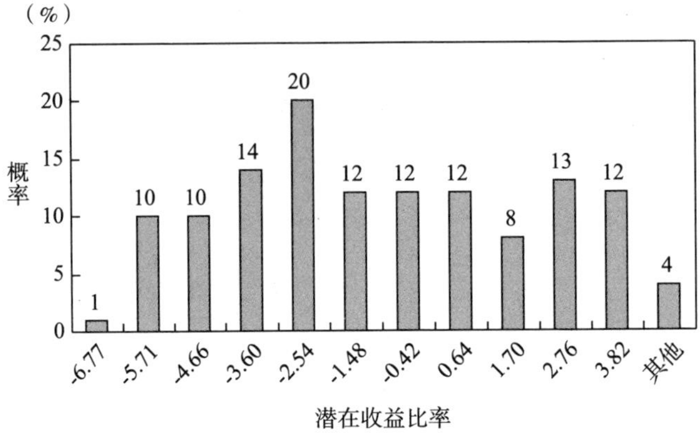

图 9-3　潜在收益比率的概率分布

由此可见，根据最近半年内的历史统计数据，如果客户将两年期外汇远期合约持有到期，66%的可能性处于亏损状态（合约负值状态），但最大亏损比率为6.77%。因为代客衍生交易不存在客户投入资金进行生产经营的过程，而仅仅是合约到期后的保值或者亏损问题，是否发生信用风险取决于客户处于合约值负值时是否有能力、有意愿进行赔偿。因此，当历史最大损失客户可以承受（在商业银行认可的客户最大负债能力范围内），且在可预见的时间内两种货币的汇率发生突变的可能性较小时，可将该最大潜在损失作为核定衍生交易授信额度（授信理论值）的依据，并进一步考察客户是否有能力和意愿进行支付。

（三）案例结论与分析

根据上述测算以及客户基本情况，显然 5 亿元衍生交易授信额度对客户来说需求是客观的，风险是可控的。另外，除本章第三部分提到的应注意的问题以外，根据本案例的特点，再补充以下提示：

（1）在衍生交易业务授信审查中，客户的基本经营情况、综合偿债能力、交易背景的真实性、交易动机、产品品种风险等仍然是风险分析的第一要素，但在合理分析客户偿债能力的基础上更加审慎地度量风险敞口也非常必要。同时，由于金融衍生交易品种的多样化和复杂性，信用风险敞口的计量难度很大，需要授信审查人员加强相关业务知识的学习，在审查中不断积累经验，切实提升金融衍生交易信用风险防控水平。

（2）如果条件允许，在经济、金融周期性波动较剧烈或者突然遭受较严重的外部经济、金融冲击的情况下，可考虑经常开展以历史数据为基础的情景分析工作。

（3）商业银行的前台部门在营销金融衍生交易时，要向客户明确揭示、解释衍生交易存在的风险，必要时要对客户进行培训，务必杜绝不恰当营销行为。对特别复杂的金融工具，一般只应销售给成熟投资者，尽量减少为客户定制特殊金融衍生产品。

五、本章小结

本章对衍生交易授信问题进行了专题探讨，认为商业银行在关注衍生交易市场风险的基础上，必须加大对信用风险的研究和控制。衍生交易的市场风险导致信用风险，且信用风险的变化规律更加难以把握。同时研究发现，代客衍生交易的信用风险本质上是商业银行的担保风险，授信额度测算的本质是信用风险敞口的测度问题，进而提出了衍生交易授信测算的一般方法，并以最大预期损失历史情景分析法对一个具体案例进行了实证和检验。

▶ 第十章

集团客户授信“先总后分”与“先分再总”的选择

前九章研究的是单一法人客户的授信，本章开始研究集团客户授信。集团客户授信是近年来对商业银行授信管理挑战最大的课题。单一法人客户授信是集团客户授信的基础，但是集团客户授信远不等于各成员企业授信额度的简单加总，集团客户整体授信的核定及其授信在成员企业间的分配是一个非常复杂的问题，并且每个集团成员企业的授信核定仍然不仅有总额问题，而且有结构问题。

我们假想两个场景：一个是A场景，有100个没有任何关联关系的客户，商业银行要给这些客户做授信；另一个是B场景，有100个客户同属于一个集团、一个实际控制人，商业银行要给这些客户做授信。再假设两个场景中每个单一客户的财务和经营情况相似。那么，A场景变成B场景，客户风险是增加了还是减少了？对这个问题的回答，每个人的答案可能不同，一是风险观不同，二是不同行业、不同性质的集团的风险特征千差万别。所以客观地讲，风险可能增加也可能减少。但有一件事情是一定的，那就是当100个客户变成一个集团以后，风险状况可能更加看不清楚了，因为集团内客户的关联交易和隐性担保看不清楚了。因此，识别内部关联交易是集团客户授信管理的重中之重。

显而易见，接下来会遇到的问题是，商业银行应该以“先分再总”的方式核定授信，即给每个企业核定授信，然后加总；还是以“先总后分”的方式核定授信，即先确定集团整体授信额度，然后向各个成员企业分配。

一、"先总后分"与"先分再总"的选择

笔者的观点是，选择"先总后分"还是"先分再总"，首先看客户信息获得的完整性，然后再考虑管理效率问题。如果银行能够穷尽客户所有信息，包括财务、运营、关联交易等，并且不考虑效率问题，那么从风险管理角度看，"先总后分"与"先分再总"的授信结果应该是一样的。但是实际操作过程中，银行对客户的关键风险信息往往不能完全了解，甚至完全不了解，所以有条件的银行应该对两种方法进行相互验证。

（1）通常情况下，如果满足以下条件可以采取"先总后分"为主，"先分再总"为辅的方式：一是可以获得集团最少三年的合并报表（新组建集团除外）；二是多数成员企业在该银行做授信；三是集团对成员企业有较强控制力。银行可先以集团整体财务和运营情况为基础框定一个整体最高授信额度，然后再对每个成员企业核定授信额度，单一成员企业授信额度和授信分项之和要服从集团整体授信额度和授信分项。授信额度核定后，银行可以根据集团内成员企业的经营变化情况、对单一客户的营销情况等，在集团整体授信额度内进行成员企业授信额度和分项的调整和再分配。

（2）通常情况下，如果属于以下情况之一，应采取"先分再总"为主，"先总后分"为辅的方式：一是无法获得集团可用于分析的合并报表信息；二是只有少数成员企业在该银行做授信；三是集团为松散型管理模式，且不对成员企业提供担保或者隐性兜底；四是集团主业不突出，各个子公司间行业差异较大；五是各子公司间关联交易基本没有。上述情景下，商业银行需要将主要精力放在单一成员客户的授信核定

上，然后再考虑集团整体情况。但从另外一个角度讲，由于商业银行对此类集团掌握的有效信息较少，相应集团客户的整体风险较大，因此无论对单一成员企业还是集团整体，授信核定都要从严把握。

二、集团整体授信测算

“先总后分”与“先分再总”两种方法都需要对集团整体授信进行测算，测算仍然需要采用单一法人客户测算相关理念和方法，只是财务数据来源于集团合并报表。另外，无论是对单一法人客户还是集团客户，本书的主要目的是与读者分享授信管理的理论和逻辑，并没有对商业银行用何种方法测算最高授信额度、用哪些财务指标或者公式进行授信测算进行具体的讨论。因为殊途同归，不同财务指标的选择可能结果是类似的，不同行业可能需要完全不同的测算公式，不同商业银行风险偏好、经营基础、文化传承不同，可能有各自独特有效的授信管理经验和办法。也因此，本书没有对风险缓释情况下保证担保、互保、房地产抵押等细节情况进行研究和讨论。回到本章的主题，对于没有合并报表的集团客户，显然无法进行测算；对于有合并报表的客户，笔者认为除了用前九章的相关理念和方法以外，还需要关注以下问题：

（一）合并销售收入的同质性问题

1. 同一集团行业多元化问题

集团客户多元化经营是一个较为普遍的情况，包括中央企业在内，一个集团客户通常有3~5个甚至更多主业并存，而不同的行业显然对应着不同的偿债能力和风险特点。但是，如果以集团合并报表的销售收入作为基础进行授信测算，显然不能体现不同主业的销售收入对偿债能力的不同支撑，因此存在合并报表销售收入不同质的问题。要解决此问题，可以将集团分为几个子集团分别进行测算，并考虑子集团间的关联交易、互相担保等情况对授信进行调整。

2. 同一行业产品多元化问题

即使集团客户的主业是唯一或突出的，同样存在同行业但不同的产品类型导致的销售收入不同质问题。以钢铁行业为例，一个集团客户常常有板材、线材、卷材等多种主营业务产品，不同的产品结构显然对应着不同的盈利能力，但这种差异化同样无法从合并销售收入中得到反映，因此无法避免产品结构差异导致的销售收入不同质问题。如果不同的产品在不同的子公司，可以先单独测算，再整体测算。如果多个产品存在于一个法人主体，那么就需要更加全面地分析。

3. 剩余投资能力问题

由于子公司间相同的销售收入可能对应不同的资产负债率，因此相同的销售收入可能对应不同的客户偿债能力。以集团整体销售收入为基础进行负债水平的测算，其实是将所有子公司假设为具有相似的负债水平和相似的偿债能力，有些客户可能会“吃亏”。

（二）合并利润的质与量

1. 多元化经营问题

同理，考虑到多数企业集团会多个主业并存，不同的主营业务一般对应着不同的盈利能力。如果以集团合并报表利润作为基础核定授信，显然不能体现不同主业的利润对偿债能力的支撑（比如一个集团客户房地产业和钢铁行业并存，显然简单以合并收入反映整体偿债能力是不合适的），因此合并报表利润也存在不同质问题。同时，与对销售收入的分析类似，同一行业的不同产品结构也存在不同的利润水平，同样要做具体分析。

2. 成员企业差异

集团合并报表中，对于不存在关联交易的成员企业间销售收入一般是全额合并的，而利润的合并数据却存在“正负相抵”的问题。因此，如果说“先总后分”方式的不足反映在销售收入方面是“不同质”的问题，而反映在盈利指标方面则是“不同质”和“不同量”并存。合并利润中存在亏损（或者说低盈利水平）成员企业对盈利（或者说高盈利水平）成员企业授信额度的侵蚀；反之，盈利成员企业会提升亏损成员企业的可调剂授信空间。举例来说，如果一个集团客户存在两个核心生产企业 A 和 B，A 企业利润为 5 亿元，B 企业利润为-5 亿元，那么简单合并后的集团合并利润为“零”。如果仍按集团合并利润“零”测算集团整体授信额度，显然不能得到有益的结论。另外，除了大家熟悉的和比较重视的销售收入和利润，资产负债率、流动比率等所有指标同样存在集团整体指标与个体指标如何协调的问题，本书不再逐一进行分析。

三、本章小结

整体来看，一个大型商业银行的管理，必须有一个相对准确和稳健的偿债计算标准，且这个标准要相对“从严”，否则银行整体的风险管理就会失去“底线”。“先总后分”最大的好处是框住了集团的整体“偿债能力”，宁可少给优质成员客户核定授信，也不能多给劣质客户多核定授信，而且假设集团客户所有成员企业完全是一盘棋，最终会相互救济，统筹考虑也是合理的。“先总后分”隐含的假设是一个集团可以用其所有的资源对外偿付所有的债务，而不考虑各成员企业的有限责任问题，但这是不现实的。实践中，即使是大国企、央企也有按市场化原则对某一个子公司的债务不进行“兜底”的可能，央企、国企本部或者核心企业不对其他子公司的融资进行担保或者增信是很常见的。并且，大量成员企业是相对控股而不是100%独资公司，无法进行担保或者兜底既合情又合理。“先总后分”授信方法对集团客户尤其是优质集团客户来说，的确可以实现提高效率、支持业务发展的目的，总资产、销售收入、利润、净资产、EBITDA等各类指标都是最为重要的比较基准。但是，由于合并报表是为个别报表服务的，所以合并报表作为会计主体是不适当的，同时集团整体也不存在违约概率的问题，因此“先总后分”核定授信的思路是基于总体框架和视角的，不同行业、不组织形式的集团客户存在不同的处理方法。哪些行业的哪些客户适合哪类测算方法，需要商业银行各级审查审批人员按行业不断地进行探讨和总结，并根据客户的实际情况对授信额度做必要的科学的调整。

第十一章

集团客户成员企业授信额度的分配

在确定了集团整体授信额度以后，紧接着的问题显然是授信额度在成员企业间的分配问题，即使采用“先分再总”为主的模式，一般情况下也会经过“先分再总”、最后“由总而分”的调整过程。总体来看，授信额度的分配难于整体授信额度的匡算。本章仍然以钢铁行业客户为例，以“先总后分”确定的集团整体授信额度为基础，考虑各成员企业自身偿债能力及成员企业间关联关系对偿债能力的影响后，再参考“先分再总”的思路解决整体授信额度的最终分配问题。

一、集团客户组织架构及授信分配原则

由于多元化经营因素的存在，一个企业集团常常存在多个主营业务及多类不同职能的子公司，无法从合并报表角度统一衡量不同业务板块的风险程度。对于多数钢铁行业客户来说，集团基本架构分为集团本部、生产企业（一个或多个）、矿业企业（一个或多个）、贸易公司（一个或多个）、财务公司（较大的集团客户一般有财务公司）及其他行业板块的企业。因此，可以将钢铁集团客户的授信核定分为两部分，一是钢铁板块相关客户的授信，二是其他板块客户的授信。其中，钢铁板块授信按各相关企业间利益及风险相关性进行整体评价（防止出现重复授信），其他板块客户按所处行业及运营特点单独评价，并考量与钢铁主业间的信用风险关联关系。授信分配原则是各成员企业对集团整

体利益的贡献以及对整体信用风险的分担。从计量角度看，集团整体信用风险的实质是单一成员企业违约概率以及各成员企业间违约的相关性，但计量难度和操作难度均较大。

二、各成员企业授信核定原则

不同钢铁企业集团的成员企业分工不尽相同，如有的集团本部为纯成本中心，有的集团本部则兼具利润中心职能。为研究方便，本章对各成员企业职能做如下假定：集团本部为纯成本中心，且对子公司控制力较强；生产企业无自有矿产资源；矿业企业为单纯原材料提供者；贸易公司负责集团所有原材料采购、全部产品销售，并有一定的自营贸易业务；财务公司具有集团资金集中管理职能。

（一）集团本部

从企业角度看，由于集团本部无主营业务，可能代表集团集中办理衍生交易业务、债券投资或者以并购重组为主的项目类融资业务，并有流动资金贷款（流动资金贷款主要用于调剂自身及下属企业资金余缺）、保函、内保外贷等业务需求。从银行角度看，受监管机构关于流动资金贷款测算、受托支付等制度的约束，本部流动资金贷款的合规发放渠道受限，一些银行相应创新了一些“打包”性质的营运资金类融资品种。对因历史遗留问题或者其他原因确需发放流动资金贷款的，一般在商业银行需要提高审批层级。并购、项目融资和债券投资等一般为商业银行所青睐，但业务需求不确定性和临时性较强，只能依据集团整体偿债能力、本部自身资本结构和还款来源，本着“一事一定”的原则在集团整体授信额度内调整解决，难以事先定量确定最高授信额度。因此，总体来看，除根据客户经营特点，如集团本部资金归集功能、集团本部代下属融资功能、集团本部承担发债主体功能等个性化融资需求外，集团本部的授信额度是集团整体授信额度减去其他成员企业授信额度后的余额，或者集团整体“剩余投融资能力”的体现。

（二）生产企业

根据企业生产经营特点，钢铁生产企业可以办理的业务品种较多，是商业银行主要业务来源。授信测算方面，营运资金、衍生交易等授信额度可参考本书相关章节的研究测算；项目融资授信额度一般按项目评估的结果，结合单一客户和集团客户整体授信额度确定。

（三）贸易企业

专业贸易企业有代理性贸易和自营性贸易两种经营模式，大部分贸易公司同时开展以上两类业务。代理性贸易一般是贸易公司执行上游企业（一般为集团本部或者生产企业）的采购或者销售任务，上游企业保证贸易公司有一定的利润空间，代理费（或佣金、价差）以销售收入为基础核算，利润率较低；自营性贸易一般由贸易公司根据市场状况判断，自负盈亏，对外销售额全部计入销售收入。

对专业贸易企业的融资需求可以用流动资金贷款满足，亦可以用贸易融资满足。从多数商业银行的实践及风险防范经验看，倾向于贸易融资为主，但测算方法有待改进。从代理性贸易企业的经营及核算特点看，其贸易额远大于销售收入，销售收入只反映代理费部分，且大部分贸易额以信用证等表外融资方式支付，信用证到期后由上游企业通过往来款方式结算，贸易额始终未反映在销售收入中，以销售收入作为测算基础大大低估了公司的融资需求。因此，专业贸易公司授信测算的原则是：以贸易额为基础测算代理性贸易融资需求；以销售收入扣除代理性贸易的手续费部分作为测算自营性贸易融资需求的基础。另外，根据以上原则测算授信额度时，首先应对企业实际核算方法进行调查，灵活掌握。例如，发现代理贸易额已全部计入销售收入（大量的以招商引资为目的的企业存在这种情况），则直接以销售收入为基础进行测算。

（四）矿业企业

由于铁矿石资源的稀缺性，矿业企业在钢铁行业产业链中的地位相对强势，无论矿产品是对外销售还是供集团内部使用，矿业企业一般均具有较高的盈利能力和相对较低的负债水平。从经营特点来看，矿业企业完成建设期进入正常生产阶段后，主要生产成本为工人工资、水电费等日常费用支出，对外采购需求较少（除非有设备更新等情况），营运资金的融资需求亦较少。但根据本书关于营运资金授信测算的研究，公司可能存在一定的建设期沉淀贷款占用需求或者其他零星需求，并一般维持相对稳定的资本结构水平（多余资金可能通过其他渠道流转）和银行融资规模。考虑到矿业企业的此类融资相对安全，建议商业银行不囿于一般思路和规定，开发相应产品予以满足。当然，如公司有新的项目融资或者临时性特殊需求，按相关方法测定。

（五）财务公司

财务公司为集团内部服务型成员企业，如不考虑对集团外的投行类收入，财务公司的利润主要来源于集团内部生产类企业创造的价值，或者说是集团内利益再分配的结果。财务公司的拆借类业务本质是集团内生产类企业低成本融资的一种形式。由于财务公司开办的投行类业务一般不需要融资支持，且办理非投行类业务进行融资的偿债能力取决于其他成员企业的经营情况，因此逻辑上无法直接对财务公司的授信额度进行测算。考虑到实际业务拓展中确有财务公司融资需求，且部分集团客户将财务公司作为主要融资平台对外借款，因此建议在集团整体授信额度和其他成员企业授信额度确定后，按照财务公司申请的具体业务品种，充分考虑关联关系和资金用途。同时考虑到财务公司牌照的特殊性，权衡综合收益，适当核定授信额度。

在以上基本假设确定的各成员企业授信核定原则的基础上，具体测算方法根据客户实际情况（如交叉持股、职能重叠等）灵活掌握。同时，以上测算方法得到的各成员企业授信额度为测算上限参考值，应在集团最高授信额度的基础上根据收益与风险配比的原则进行调剂，并最终确定各成员企业最高授信额度。另外，于构造集团成员企业的关联交易并进行分析过于复杂，本书不再进行延伸研究，这是本书的不足，也是商业银行授信实践中最需要关注的问题。同时，集团各成员企业授信应该严格遵守授信的集团内部一致性原则，即分别测算各成员企业的授信额度时，涉及的各类参数如宏观环境参数、行业景气度参数、销售增长参数等应保持一致。从收益贡献和风险传递的角度看，生产企业是集团授信测算的核心，一个集团的最终偿债取决于其主要生产企业，其他的成员企业一般是主要生产企业的受益者和风险传递者，这也是集团关联授信本质的一个体现。

三、本章小结

从客户经营角度，在成员企业间分配授信额度，首先应该对集团的整体情况进行假设，比如紧密型集团或者松散型集团、本部对子公司的救济底线、成员企业中有无特殊行业企业等。从信用风险计量角度看，在成员企业间分配授信额度，应该对集团内成员企业的违约概率相关性进行度量。本章为研究方便起见，同样做了简化处理，仅仅从集团内功能定位的角度对成员企业进行了分类，进而对各自的授信原则进行了讨论。如果以“先分再总”为主的模式核定授信，虽然有再次调整和统筹的需要，但成员企业授信额度的分配相对简单。本章以钢铁行业企业为例，对“先总后分”情况下，考虑各成员企业自身偿债能力及成员企业间关联关系对偿债能力的影响后的授信额度分配进行了探讨，以期为其他行业、其他类型客户授信额度分配提供借鉴。

▶ 第十二章

流动的授信——
集团客户产品关联企业授信方法探讨

如第十一章提到的，构造集团成员企业的关联交易并进行分析是复杂的，但本章还是试图从经常、反复出现的一类集团客户风险事件中总结规律，为商业银行规避集团关联交易授信风险进行一定的探索。商业银行实践中，常常出现一类较为严重的风险事件，即多家银行或一家银行对一个集团的多个关联企业融资，当风险暴露后，商业银行发现客户所有融资针对的本质上是一个资金流或者物流。这属于不法客户通过一笔交易套取多笔融资的行为，是典型的但相对隐蔽的重复融资问题。如何解决此类问题呢？本章提出一个重要观点：对于产品关联企业，合并报表测算的授信额度是所有关联企业同一时点授信上限之和；授信不是“固定”的，而是在产品关联企业之间“流动”的。

一、产品关联企业视角的显性集团和隐性集团

产品关联企业[①]是指集团内部互为产品上下游的企业，该类企业一般有两类：一是集团内产品关联企业。如钢铁企业集团内，贸易公司 A 采购原材料后出售给钢铁冶炼企业 B，钢铁冶炼企业将成品钢材出售给钢铁加工企业 C，钢铁加工企业 C 将产品出售给集团外最终用户，本书将其称为“显性集团”。二是受同一控制人控制，产品高度关联，但表

① 与“营运周期”相同，“产品关联企业”也是笔者在本书的专有术语。

面无股权关系的多家企业，本书称之为“隐性集团”。上述两类企业中，显性集团信用风险防范相对容易，因为可以通过集团合并报表确定集团授信总量，防止过度融资，其难点在于如何在各个生产环节中分配授信额度。隐性集团则既存在总量难以控制的问题，又存在难以在相关企业间分配的问题，甚至控制人如此设置生产链条的本意就是恶意套取银行信用，因此其难点和工作的关键在于如何及时有效地发现真正的产品关联关系。

二、显性集团授信的简化案例

以上述显性集团钢铁企业为例，A 公司以 4 000 万元采购原材料，并以 4 500 万元出售给 B 企业，B 企业加工后按 6 000 万元将钢材出售给 C 企业，C 企业以 7 000 万元将产品出售给集团外最终用户，一个营运周期结束。因此，A、B、C 三家企业的采购资金需求分别为 4 000万元、4 500 万元和 6 000 万元，各企业销售收入合计 4 500+6 000+7 000=17 500（万元），集团合并销售收入，即 C 企业销售收入 7 000 万元。如果按合并报表反映的 7 000 万元（对应营业成本 6 000 万元）测算集团授信额度，则授信额度会控制在 6 000 万元以内，很好地规避了重复授信和过度融资问题。但假设无视产品关联问题，对 A、B、C 三家企业分别核定授信额度甚至是用于流动资金贷款的授信额度，则很可能会被不法企业所利用，导致重复融资和相应的信用风险。

三、产品关联企业授信核定与分配

接下来的问题是，按 6 000 万元测算出的授信额度分配给谁呢？A、B、C 三家企业在同一家银行的融资是否有优先次序呢？本书的观点是，三家企业确实都有融资的需求，且三家企业在生产链条中缺一不可，重要性是一样的，但授信要有先后。如果三家企业的开户行均为同一银行的同一分行，授信额度的分配基本不会出现分歧；但如果三家企业在不同的分行甚至不同的银行开户，则每家分行都会以单个企业的销售收入为基础核定授信，这样就会出现重复融资。

该问题发生的实质是，对于产品关联企业，授信额度不是“固定”的，而是“流动”的，即上一环节的融资归还后授信额度应相应释放。假设各企业均无自有资金，且全部融资都在一家银行办理。一种最理想的状况和简化模型是：A 企业获得授信 4 000 万元，并借款4 000万元采购原材料，A 企业将产品出售后归还银行借款，同时4 000万元授信额度注销；B 企业获得授信4 500万元，并借款4 500万元采购原材料，B 企业将产品出售后归还银行借款，同时4 500万元授信额度注销；C 企业获得授信6 000万元，并借款6 000万元采购原材料，C 企业将产品出售后归还银行借款，同时6 000万元授信额度注销。结论是：每个企业的授信需求均得到满足；每个环节授信额度不同；每个环节融资归还后，授信额度注销供下一环节使用；最高授信额度在最后一个环节，与合并报表计算的最高授信额度相同，不存在融资过度问题。当然，为简化起见，这里均是从授信理论值的角度进行的探讨。

四、本章小结

从一家大型商业银行的管理角度来看，如果显性集团三家链条上的企业均在一个分行开户，则应授权该分行按企业需求对授信额度进行调剂。如果在不同分行开户，则总行层面应该通过简化流程提高某一家分行的授信授权，对所有产品关联企业的授信进行统一管理；如果三家企业在不同银行开户，则需要通过人民银行征信系统充分了解客户整体融资情况，做好各家银行的客户信息共享，并实现对此类客户的一致行动。而对于隐性集团，只能在充分调查客户产品关联关系的基础上，比照显性集团的方法进行分析，并以更加谨慎的方式办理。

重要术语索引